中国法学专业评估报告

ZHONGGUO FAXUE ZHUANYE PINGGU BAOGAO(2019)

2019

中国政法大学法学教育研究与评估中心◎编

中国政法大学出版社

2020 · 北京

图书在版编目（CIP）数据

中国法学专业评估报告. 2019/中国政法大学法学教育研究与评估中心编. —北京：中国政法大学出版社，2020. 7

ISBN 978-7-5620-7374-1

Ⅰ. ①中…　Ⅱ. ①中…　Ⅲ. ①法学教育－高等教育－教育评估－研究报告－中国－2019　Ⅳ. ①D90-47

中国版本图书馆CIP数据核字(2020)第108684号

出版者　中国政法大学出版社

地　　址　北京市海淀区西土城路 25 号

邮　　箱　fadapress@163.com

网　　址　http://www.cuplpress.com（网络实名：中国政法大学出版社）

电　　话　010-58908435(第一编辑部)　58908334(邮购部)

承　　印　固安华明印业有限公司

开　　本　650mm × 960mm　1/16

印　　张　12.25

字　　数　195 千字

版　　次　2020 年 7 月第 1 版

印　　次　2020 年 7 月第 1 次印刷

定　　价　46.00 元

编写说明

中国法学专业评估报告（2019）在2018年法学专业评估体系的基础上，以提高评估客观性、准确性为目标，大胆进行体系与结构创新。

在数据体系与结构架设方面，通过对指标的细化处理，在教学队伍、教学资源指标内，增设教学队伍专业化与课程多样性指标，扩充评价体系的覆盖面与数据的充分性程度，使评价体系更具科学性、完整性。在科学研究指标之中，相对于先前采取数据总量的评价模式，本年度评估报告则更体现学校科研近况，选取近五年的数据，从评价可行性和有效性上对体系整体进行提高。

在数据获取与更新方面，在对体系指标科学论证的基础上，对科学研究指标进行了调整与修正，将C刊与论文的评价尺度从总数调整至近五年发布情况，使数据可以更清晰地体现各高校在科研领域建设上的进步与提升。学校设置方面，本年度增加立格联盟与教指委委员所在高校，总计新增17所高校数据，增长9.04%，使得评估覆盖面不断扩大，评估体系日渐完善。

中国法学教育研究与评估中心

2020年5月

目录

第一编 综合排名 …… 1
中国法学专业评估报告 2019 …… 1
第二编 分指标排名 …… 10
一、教学队伍–生师比 …… 10
二、教学队伍–专任教师数 …… 19
三、教学队伍–高级职称比 …… 28
四、教学资源–课程开设数 …… 37
五、教学资源–课程结构 …… 46
六、教学资源–分师比 …… 55
七、教学资源–课师比 …… 64
八、人才培养–课生比 …… 73
九、教学资源–稳定度 …… 82
十、就业与发展–深造总人数 …… 91
十一、就业与发展–就业率 …… 100
十二、科学研究–C 刊论文总数 …… 109
十三、科学研究–人均 C 刊数 …… 118
十四、科学研究–知网论文总数 …… 127
十五、科学研究–人均知网数 …… 136
第三编 名校概览 …… 146
一、中国政法大学 …… 146
二、中国人民大学 …… 148
三、北京大学 …… 151
四、清华大学 …… 153
五、华东政法大学 …… 155

六、武汉大学……157
七、西南政法大学……159
八、南京大学……162
九、上海交通大学……164
十、中南财经政法大学……166
十一、吉林大学……169
十二、对外经济贸易大学……171
十三、浙江大学……173
十四、厦门大学……175
十五、北京航空航天大学……178
十六、北京师范大学……180
十七、南开大学……182
十八、西北政法大学……184
十九、辽宁大学……186
二十、复旦大学……188

第一编

综合排名

中国法学专业评估报告 2019

学校名称	排　名
中国政法大学	1
中国人民大学	2
北京大学	3
清华大学	4
华东政法大学	5
武汉大学	6
西南政法大学	7
南京大学	8
上海交通大学	9
中南财经政法大学	10
吉林大学	11
对外经济贸易大学	12
浙江大学	13

续表

学校名称	排　名
厦门大学	14
北京航空航天大学	15
北京师范大学	16
南开大学	17
西北政法大学	18
辽宁大学	19
复旦大学	20
苏州大学	21
南京师范大学	22
山东大学	23
湘潭大学	24
东南大学	25
中山大学	26
重庆大学	27
四川大学	28
中南大学	29
中央财经大学	30
中国人民公安大学	31
同济大学	32
大连海事大学	33
黑龙江大学	34
安徽大学	35
上海财经大学	36
江西财经大学	37

续表

学校名称	排　名
中国海洋大学	38
郑州大学	39
甘肃政法学院	40
湖南大学	41
海南大学	42
湖南师范大学	43
西南财经大学	44
烟台大学	45
中央民族大学	46
浙江工商大学	47
福州大学	48
河南大学	49
华中科技大学	50
上海政法学院	51
暨南大学	52
华南理工大学	53
深圳大学	54
广东财经大学	55
西安交通大学	56
云南大学	57
兰州大学	58
北京理工大学	59
北京外国语大学	60
河北大学	61

续表

学校名称	排　名
山西大学	62
华东师范大学	63
内蒙古大学	64
上海海事大学	65
上海对外经贸大学	66
上海大学	67
广西民族大学	68
贵州大学	69
华侨大学	70
华中师范大学	71
新疆大学	72
广州大学	73
宁波大学	74
广东外语外贸大学	75
北京交通大学	76
哈尔滨工业大学	77
首都师范大学	78
天津师范大学	79
山西财经大学	80
西北大学	81
沈阳师范大学	82
河海大学	83
东北财经大学	84
华东理工大学	85

续表

学校名称	排　名
福建师范大学	86
河南财经政法大学	87
西南民族大学	88
中南民族大学	89
扬州大学	90
常州大学	91
昆明理工大学	92
河北经贸大学	93
浙江农林大学	94
北京林业大学	95
外交学院	96
东北师范大学	97
长春理工大学	98
首都经济贸易大学	99
北方工业大学	100
华北电力大学	101
上海师范大学	102
中国民航大学	103
辽宁师范大学	104
北京工商大学	105
南京理工大学	106
南京财经大学	107
杭州师范大学	108
安徽财经大学	109

续表

学校名称	排　名
武汉理工大学	110
浙江师范大学	111
北京科技大学	112
青岛大学	113
华南师范大学	114
南京农业大学	115
中国地质大学	116
广西师范大学	117
广西大学	118
华中农业大学	119
浙江财经大学	120
中国农业大学	121
江西师范大学	122
山东政法学院	123
南京工业大学	124
重庆邮电大学	125
安徽师范大学	126
吉首大学	127
南京航空航天大学	128
北京邮电大学	129
西南大学	130
中国青年政治学院	131
长安大学	132
中国石油大学	133

续表

学校名称	排　名
吉林财经大学	134
燕山大学	135
中国计量学院	136
山东师范大学	137
西北师范大学	138
西南科技大学	139
陕西师范大学	140
天津大学	141
北京化工大学	142
河南师范大学	143
宁夏大学	144
西北农林科技大学	145
湖北大学	146
西安财经学院	147
云南财经大学	148
山东财经大学	149
湖南工业大学	150
南昌大学	151
延边大学	152
大连理工大学	153
华东交通大学	154
东北大学	155
江南大学	156
山东科技大学	157

续表

学校名称	排　名
江西理工大学	158
中南林业科技大学	159
天津财经大学	160
河北师范大学	161
淮北师范大学	162
四川师范大学	163
中华女子学院	164
浙江工业大学	165
沈阳工业大学	166
贵州民族大学	167
中国科学院大学	168
西南交通大学	169
长春工业大学	170
中国矿业大学	171
哈尔滨工程大学	172
上海社会科学院	173
吉林师范大学	174
贵州师范大学	175
天津工业大学	176
青海民族大学	177
天津商业大学	178
西北民族大学	179
南京审计大学	180
哈尔滨商业大学	181

续表

学校名称	排　名
新疆师范大学	182
石家庄经济学院	183
新疆财经大学	184
中国刑事警察学院	185
太原科技大学	186
西安建筑科技大学	187
东北林业大学	188
电子科技大学	189
西北工业大学	190
兰州财经大学	191
中国社会科学院大学	192
云南民族大学	193
中国科学技术大学	194
中共中央党校	195
四川省社会科学院	196
塔里木大学	197
西安政治学院	198
中国人民武装警察部队学院	199
国防大学	200
海军大连舰艇学院	201
南京政治学院	202
中央司法警察学院	203

第二编

分指标排名

一、教学队伍-生师比

一级指标：教学队伍。

二级指标：生师比。

指标说明：生师比=在校法科学生数/教师总数；在校法科学生数为自然年度 12 月 31 日在校法学专业总人数，包括法学、知识产权、监狱学和未分配到具体专业的学生数量；教师总数=专任教师数+在学校管理部门担任职务并从事教学工作的人员数×0.5+聘请校外教师数×0.5。

生师比与学校排名呈负相关趋势。生师比越低，则每个老师所负责学生越少，教学质量与授课水平越高，与学校水平呈正相关趋势，故排名越高。

学校名称	在校法科学生数	教师总数	生师比	排名
首都师范大学	162	74	2.19	1
南京工业大学	123	50	2.46	2
上海交通大学	198	67	2.96	3
北京航空航天大学	202	66	3.06	4
西安建筑科技大学	189	56	3.38	5

续表

学校名称	在校法科学生数	教师总数	生师比	排名
南京师范大学	255	69	3. 70	6
哈尔滨工业大学	104	26	4. 00	7
同济大学	243	60	4. 05	8
淮北师范大学	330	80	4. 13	9
上海师范大学	287	69	4. 16	10
天津大学	241	53	4. 55	11
西安交通大学	181	35	5. 17	12
东北大学	323	61	5. 30	13
青岛大学	291	54	5. 39	14
湖南大学	601	111	5. 41	15
河北师范大学	371	59	6. 29	16
南京航空航天大学	114	18	6. 33	17
北京理工大学	339	48	7. 06	18
西北大学	305	43	7. 09	19
宁夏大学	540	73	7. 40	20
北京师范大学	639	86	7. 43	21
重庆大学	530	70	7. 57	22
长春理工大学	306	39	7. 85	23
北京工商大学	533	65	8. 20	24
云南财经大学	361	43	8. 40	25
安徽大学	531	63	8. 43	26
哈尔滨工程大学	178	21	8. 48	27
外交学院	187	22	8. 50	28
暨南大学	422	49	8. 61	29

续表

学校名称	在校法科学生数	教师总数	生师比	排名
清华大学	602	67	8.99	30
湘潭大学	633	70	9.04	31
浙江大学	569	61	9.33	32
海南大学	574	61	9.41	33
常州大学	384	40	9.60	34
湖南师范大学	834	86	9.70	35
东南大学	501	51	9.82	36
对外经济贸易大学	632	64	9.88	37
安徽财经大学	514	52	9.88	38
河海大学	356	36	9.89	39
北京邮电大学	121	12	10.08	40
青海民族大学	395	39	10.13	41
上海海事大学	581	57	10.19	42
上海对外经贸大学	542	53	10.23	43
首都经济贸易大学	425	40	10.63	44
北京化工大学	537	50	10.74	45
西南科技大学	602	56	10.75	46
厦门大学	901	82	10.99	47
江西财经大学	684	61	11.21	48
中国人民大学	1462	129	11.33	49
山东财经大学	888	77	11.53	50
延边大学	394	34	11.59	51
哈尔滨商业大学	449	38	11.82	52
湖北大学	357	30	11.90	53

续表

学校名称	在校法科学生数	教师总数	生师比	排名
华南理工大学	691	58	11.91	54
河北大学	1110	93	11.94	55
中国政法大学	5619	467	12.03	56
西南交通大学	485	40	12.13	57
辽宁大学	667	55	12.13	58
武汉大学	1219	100	12.19	59
浙江工商大学	1016	83	12.24	60
华中科技大学	687	56	12.27	61
苏州大学	762	62	12.29	62
内蒙古大学	607	49	12.39	63
宁波大学	781	63	12.40	64
福州大学	620	50	12.40	65
中国青年政治学院	566	45	12.58	66
西南财经大学	704	55	12.80	67
沈阳工业大学	516	40	12.90	68
中国石油大学	233	18	12.94	69
北京交通大学	416	32	13.00	70
浙江工业大学	846	65	13.02	71
安徽师范大学	730	56	13.04	72
上海财经大学	631	48	13.15	73
北方工业大学	316	24	13.17	74
中央财经大学	833	63	13.22	75
天津工业大学	480	36	13.33	76
华东师范大学	689	51	13.51	77

续表

学校名称	在校法科学生数	教师总数	生师比	排名
石家庄经济学院	611	45	13.58	78
上海大学	624	45	13.87	79
北京外国语大学	487	35	13.91	80
华北电力大学	337	24	14.04	81
天津财经大学	506	36	14.06	82
东北财经大学	478	34	14.06	83
山东师范大学	580	41	14.15	84
甘肃政法学院	2748	192	14.31	85
东北师范大学	925	64	14.45	86
四川大学	986	67	14.72	87
新疆财经大学	604	41	14.73	88
天津师范大学	547	37	14.78	89
北京大学	1283	86	14.92	90
广西师范大学	1165	75	15.53	91
南京财经大学	773	49	15.78	92
燕山大学	379	24	15.79	93
中国农业大学	239	15	15.93	94
中国海洋大学	703	44	15.98	95
中南大学	947	58	16.33	96
山西财经大学	804	48	16.75	97
中央民族大学	826	49	16.86	98
西北民族大学	625	37	16.89	99
中国民航大学	274	16	17.13	100
吉林大学	1677	96	17.47	101

续表

学校名称	在校法科学生数	教师总数	生师比	排名
河南财经政法大学	1753	100	17.53	102
南开大学	1114	63	17.68	103
沈阳师范大学	943	53	17.79	104
广东外语外贸大学	1069	60	17.82	105
新疆师范大学	362	20	18.10	106
扬州大学	787	43	18.30	107
华东理工大学	504	27	18.67	108
复旦大学	1134	60	18.90	109
河北经贸大学	1134	60	18.90	110
华侨大学	889	47	18.91	111
长安大学	286	15	19.07	112
杭州师范大学	746	39	19.13	113
西安财经学院	617	32	19.28	114
广西大学	845	43	19.65	115
吉林师范大学	242	12	20.17	116
大连理工大学	304	15	20.27	117
吉林财经大学	651	32	20.34	118
河南大学	1336	65	20.55	119
天津商业大学	1062	51	20.82	120
重庆邮电大学	337	16	21.06	121
中南民族大学	1102	52	21.19	122
烟台大学	1318	62	21.26	123
江西师范大学	682	32	21.31	124
中南财经政法大学	4479	210	21.33	125

续表

学校名称	在校法科学生数	教师总数	生师比	排名
中南林业科技大学	536	25	21.44	126
江西理工大学	498	23	21.65	127
深圳大学	1544	70	22.06	128
太原科技大学	772	35	22.06	129
中国计量学院	487	22	22.14	130
昆明理工大学	1561	68	22.96	131
浙江农林大学	528	23	22.96	132
西南民族大学	1532	65	23.57	133
武汉理工大学	946	40	23.65	134
北京林业大学	333	14	23.79	135
贵州大学	1236	51	24.24	136
北京科技大学	487	20	24.35	137
山东大学	2017	81	24.90	138
河南师范大学	1604	64	25.06	139
郑州大学	1897	75	25.29	140
南昌大学	1289	50	25.78	141
中国地质大学	466	18	25.89	142
中国矿业大学	392	15	26.13	143
山东科技大学	785	30	26.17	144
吉首大学	623	23	27.09	145
西北师范大学	937	34	27.56	146
云南大学	2242	81	27.68	147
西北政法大学	7093	253	28.04	148
新疆大学	1488	53	28.08	149

续表

学校名称	在校法科学生数	教师总数	生师比	排名
南京农业大学	366	13	28. 15	150
兰州大学	1201	42	28. 60	151
广州大学	1427	49	29. 12	152
华东政法大学	5371	183	29. 35	153
湖南工业大学	802	27	29. 70	154
西南大学	1694	56	30. 25	155
福建师范大学	1577	52	30. 33	156
江南大学	787	25	31. 48	157
华中师范大学	1297	41	31. 63	158
浙江师范大学	648	20	32. 40	159
山西大学	1494	46	32. 48	160
贵州民族大学	1892	58	32. 62	161
辽宁师范大学	982	30	32. 73	162
西南政法大学	9639	287	33. 59	163
长春工业大学	605	18	33. 61	164
四川师范大学	1665	49	33. 98	165
中山大学	1875	55	34. 09	166
贵州师范大学	1451	42	34. 55	167
广西民族大学	1187	34	34. 91	168
黑龙江大学	2352	60	39. 20	169
华东交通大学	736	18	40. 89	170
南京大学	660	16	41. 25	171
西北农林科技大学	760	18	42. 22	172
华中农业大学	856	19	45. 05	173

续表

学校名称	在校法科学生数	教师总数	生师比	排名
南京理工大学	442	9	49.11	174
华南师范大学	2161	40	54.03	175
上海政法学院	4213	57	73.91	176
中国人民公安大学	–	64	–	177
大连海事大学	–	15	–	178
中国社会科学院大学	–	–	–	179
西安政治学院	–	–	–	180
中共中央党校	–	–	–	181
中国刑事警察学院	–	18	–	182
东北林业大学	730	–	–	183
中国科学技术大学	0	84	0	184
广东财经大学	0	77	0	185
云南民族大学	839	–	–	186
西北工业大学	102	–	–	187
中国人民武装警察部队学院	–	–	–	188
浙江财经大学	–	56	–	189
中国科学院大学	–	12	–	190
上海社会科学院	–	43	–	191
四川省社会科学院	–	–	–	192
电子科技大学	127	–	–	193
陕西师范大学	899	–	–	194
兰州财经大学	–	61	–	195
南京政治学院	–	–	–	196
海军大连舰艇学院	–	–	–	197

续表

学校名称	在校法科学生数	教师总数	生师比	排名
山东政法学院	-	190	-	198
中华女子学院	-	17	-	199
中央司法警察学院	-	-	-	200
南京审计大学	-	52	-	201
塔里木大学	-	-	-	202
国防大学	-	-	-	203

二、教学队伍-专任教师数

一级指标：教学队伍。

二级指标：专任教师数。

指标说明：专任教师数是指具有教师资格、专门从事教学工作的人员。

专任教师数与学校排名呈正相关趋势。专任教师数数量越多，学校师资水平越高，故排名越高。

学校名称	专任教师数	排名
中国政法大学	467	1
西南政法大学	287	2
西北政法大学	253	3
中南财经政法大学	210	4
甘肃政法学院	192	5
山东政法学院	190	6
华东政法大学	183	7
中国人民大学	129	8

续表

学校名称	专任教师数	排名
湖南大学	111	9
武汉大学	100	10
河南财经政法大学	100	11
吉林大学	96	12
河北大学	93	13
北京师范大学	86	14
湖南师范大学	86	15
北京大学	86	16
中国科学技术大学	84	17
浙江工商大学	83	18
厦门大学	82	19
山东大学	81	20
云南大学	81	21
淮北师范大学	80	22
山东财经大学	77	23
广东财经大学	77	24
广西师范大学	75	25
郑州大学	75	26
首都师范大学	74	27
宁夏大学	73	28
重庆大学	70	29
湘潭大学	70	30
深圳大学	70	31
南京师范大学	69	32

续表

学校名称	专任教师数	排名
上海师范大学	69	33
昆明理工大学	68	34
上海交通大学	67	35
清华大学	67	36
四川大学	67	37
北京航空航天大学	66	38
北京工商大学	65	39
浙江工业大学	65	40
河南大学	65	41
西南民族大学	65	42
对外经济贸易大学	64	43
东北师范大学	64	44
河南师范大学	64	45
中国人民公安大学	64	46
安徽大学	63	47
宁波大学	63	48
中央财经大学	63	49
南开大学	63	50
苏州大学	62	51
烟台大学	62	52
东北大学	61	53
浙江大学	61	54
海南大学	61	55
江西财经大学	61	56

续表

学校名称	专任教师数	排名
兰州财经大学	61	57
同济大学	60	58
广东外语外贸大学	60	59
复旦大学	60	60
河北经贸大学	60	61
黑龙江大学	60	62
河北师范大学	59	63
华南理工大学	58	64
中南大学	58	65
贵州民族大学	58	66
上海海事大学	57	67
上海政法学院	57	68
西安建筑科技大学	56	69
西南科技大学	56	70
华中科技大学	56	71
安徽师范大学	56	72
西南大学	56	73
浙江财经大学	56	74
辽宁大学	55	75
西南财经大学	55	76
中山大学	55	77
青岛大学	54	78
天津大学	53	79
上海对外经贸大学	53	80

续表

学校名称	专任教师数	排名
沈阳师范大学	53	81
新疆大学	53	82
安徽财经大学	52	83
中南民族大学	52	84
福建师范大学	52	85
南京审计大学	52	86
东南大学	51	87
华东师范大学	51	88
天津商业大学	51	89
贵州大学	51	90
南京工业大学	50	91
北京化工大学	50	92
福州大学	50	93
南昌大学	50	94
暨南大学	49	95
内蒙古大学	49	96
南京财经大学	49	97
中央民族大学	49	98
广州大学	49	99
四川师范大学	49	100
北京理工大学	48	101
上海财经大学	48	102
山西财经大学	48	103
华侨大学	47	104

续表

学校名称	专任教师数	排名
山西大学	46	105
中国青年政治学院	45	106
石家庄经济学院	45	107
上海大学	45	108
中国海洋大学	44	109
西北大学	43	110
云南财经大学	43	111
扬州大学	43	112
广西大学	43	113
上海社会科学院	43	114
兰州大学	42	115
贵州师范大学	42	116
山东师范大学	41	117
新疆财经大学	41	118
华中师范大学	41	119
常州大学	40	120
首都经济贸易大学	40	121
西南交通大学	40	122
沈阳工业大学	40	123
武汉理工大学	40	124
华南师范大学	40	125
长春理工大学	39	126
青海民族大学	39	127
杭州师范大学	39	128

续表

学校名称	专任教师数	排名
哈尔滨商业大学	38	129
天津师范大学	37	130
西北民族大学	37	131
河海大学	36	132
天津工业大学	36	133
天津财经大学	36	134
西安交通大学	35	135
北京外国语大学	35	136
太原科技大学	35	137
延边大学	34	138
东北财经大学	34	139
西北师范大学	34	140
广西民族大学	34	141
北京交通大学	32	142
西安财经学院	32	143
吉林财经大学	32	144
江西师范大学	32	145
湖北大学	30	146
山东科技大学	30	147
辽宁师范大学	30	148
华东理工大学	27	149
湖南工业大学	27	150
哈尔滨工业大学	26	151
中南林业科技大学	25	152

续表

学校名称	专任教师数	排名
江南大学	25	153
北方工业大学	24	154
华北电力大学	24	155
燕山大学	24	156
江西理工大学	23	157
浙江农林大学	23	158
吉首大学	23	159
外交学院	22	160
中国计量学院	22	161
哈尔滨工程大学	21	162
新疆师范大学	20	163
北京科技大学	20	164
浙江师范大学	20	165
华中农业大学	19	166
南京航空航天大学	18	167
中国石油大学	18	168
中国地质大学	18	169
长春工业大学	18	170
华东交通大学	18	171
西北农林科技大学	18	172
中国刑事警察学院	18	173
中华女子学院	17	174
中国民航大学	16	175
重庆邮电大学	16	176

续表

学校名称	专任教师数	排名
南京大学	16	177
中国农业大学	15	178
长安大学	15	179
大连理工大学	15	180
中国矿业大学	15	181
大连海事大学	15	182
北京林业大学	14	183
南京农业大学	13	184
北京邮电大学	12	185
吉林师范大学	12	186
中国科学院大学	12	187
陕西师范大学	10	188
南京理工大学	9	189
中国社会科学院大学	–	190
西安政治学院	–	191
中共中央党校	–	192
东北林业大学	–	193
云南民族大学	–	194
西北工业大学	–	195
中国人民武装警察部队学院	–	196
四川省社会科学院	–	197
电子科技大学	–	198
南京政治学院	–	199
海军大连舰艇学院	–	200

续表

学校名称	专任教师数	排名
中央司法警察学院	–	201
塔里木大学	–	202
国防大学	–	203

三、教学队伍-高级职称比

一级指标：教学队伍。

二级指标：高级职称比。

指标说明：高级职称比＝高级职称专任教师数/专任教师总数；具有高级职称的专任教师数包括教授、副教授、研究员、副研究员。

高级职称比与学校排名呈正相关趋势。高级职称比越高，则学校教师水平越高，教学队伍能力越强，故排名越高。

学校名称	专任教师总数	高级职称专任教师数	高级职称比	排名
南京大学	52	52	1.00	1
西安交通大学	35	35	1.00	2
中国民航大学	16	16	1.00	3
北京邮电大学	12	12	1.00	4
中国科学院大学	12	12	1.00	5
清华大学	67	65	0.97	6
西南财经大学	55	53	0.96	7
浙江农林大学	23	22	0.96	8
陕西师范大学	10	9	0.90	9
辽宁大学	55	49	0.89	10
中国人民大学	129	114	0.88	11

续表

学校名称	专任教师总数	高级职称专任教师数	高级职称比	排名
北京师范大学	86	76	0.88	12
贵州大学	51	45	0.88	13
华南师范大学	40	35	0.88	14
武汉大学	100	87	0.87	15
中国政法大学	467	405	0.87	16
中山大学	55	47	0.85	17
山东大学	81	69	0.85	18
贵州民族大学	58	49	0.84	19
吉林大学	96	81	0.84	20
江西师范大学	32	27	0.84	21
南京师范大学	69	58	0.84	22
黑龙江大学	60	50	0.83	23
东北财经大学	34	28	0.82	24
广西民族大学	34	28	0.82	25
华南理工大学	58	47	0.81	26
南开大学	63	51	0.81	27
四川大学	67	54	0.81	28
复旦大学	60	48	0.80	29
浙江师范大学	20	16	0.80	30
河北大学	93	74	0.80	31
广东财经大学	77	61	0.79	32
北京大学	86	68	0.79	33
扬州大学	43	34	0.79	34
北京林业大学	14	11	0.79	35

续表

学校名称	专任教师总数	高级职称专任教师数	高级职称比	排名
中国青年政治学院	45	35	0.78	36
广州大学	49	38	0.78	37
上海对外经贸大学	53	41	0.77	38
中南民族大学	52	40	0.77	39
东南大学	51	39	0.76	40
厦门大学	82	62	0.76	41
上海大学	45	34	0.76	42
暨南大学	49	37	0.76	43
中央民族大学	49	37	0.76	44
武汉理工大学	40	30	0.75	45
河海大学	36	27	0.75	46
西北大学	43	32	0.74	47
重庆大学	70	52	0.74	48
华东理工大学	27	20	0.74	49
南京工业大学	50	37	0.74	50
海南大学	61	45	0.74	51
华中农业大学	19	14	0.74	52
对外经济贸易大学	64	47	0.73	53
上海交通大学	67	49	0.73	54
甘肃政法学院	192	140	0.73	55
苏州大学	62	45	0.73	56
浙江大学	61	44	0.72	57
福州大学	50	36	0.72	58
东北师范大学	64	46	0.72	59

续表

学校名称	专任教师总数	高级职称专任教师数	高级职称比	排名
北京交通大学	32	23	0. 72	60
杭州师范大学	39	28	0. 72	61
深圳大学	70	50	0. 71	62
中央财经大学	63	45	0. 71	63
上海财经大学	48	34	0. 71	64
郑州大学	75	53	0. 71	65
安徽大学	63	44	0. 70	66
华东政法大学	183	127	0. 69	67
南京审计大学	52	36	0. 69	68
长春理工大学	39	27	0. 69	69
兰州大学	42	29	0. 69	70
江西财经大学	61	42	0. 69	71
宁夏大学	73	50	0. 68	72
河北经贸大学	60	41	0. 68	73
中南林业科技大学	25	17	0. 68	74
江南大学	25	17	0. 68	75
南京财经大学	49	33	0. 67	76
贵州师范大学	42	28	0. 67	77
中国刑事警察学院	18	12	0. 67	78
大连理工大学	15	10	0. 67	79
大连海事大学	15	10	0. 67	80
华中科技大学	56	37	0. 66	81
沈阳师范大学	53	35	0. 66	82
华中师范大学	41	27	0. 66	83

续表

学校名称	专任教师总数	高级职称专任教师数	高级职称比	排名
中国人民公安大学	64	42	0.66	84
中南大学	58	38	0.66	85
哈尔滨工业大学	26	17	0.65	86
北京航空航天大学	66	43	0.65	87
浙江工商大学	83	54	0.65	88
常州大学	40	26	0.65	89
北京科技大学	20	13	0.65	90
北京工商大学	65	42	0.65	91
浙江工业大学	65	42	0.65	92
北京理工大学	48	31	0.65	93
湘潭大学	70	45	0.64	94
西南政法大学	287	184	0.64	95
天津财经大学	36	23	0.64	96
外交学院	22	14	0.64	97
中国计量学院	22	14	0.64	98
北方工业大学	24	15	0.63	99
新疆大学	53	33	0.62	100
湖南大学	111	69	0.62	101
西北师范大学	34	21	0.62	102
青海民族大学	39	24	0.62	103
南京农业大学	13	8	0.62	104
中国海洋大学	44	27	0.61	105
内蒙古大学	49	30	0.61	106
中南财经政法大学	210	128	0.61	107

续表

学校名称	专任教师总数	高级职称专任教师数	高级职称比	排名
山西大学	46	28	0. 61	108
吉首大学	23	14	0. 61	109
安徽师范大学	56	34	0. 61	110
西南大学	56	34	0. 61	111
云南大学	81	49	0. 60	112
广西师范大学	75	45	0. 60	113
河南大学	65	39	0. 60	114
广东外语外贸大学	60	36	0. 60	115
辽宁师范大学	30	18	0. 60	116
山东财经大学	77	46	0. 60	117
华侨大学	47	28	0. 60	118
天津师范大学	37	22	0. 59	119
天津大学	53	31	0. 58	120
西南民族大学	65	38	0. 58	121
吉林师范大学	12	7	0. 58	122
广西大学	43	25	0. 58	123
石家庄经济学院	45	26	0. 58	124
安徽财经大学	52	30	0. 58	125
青岛大学	54	31	0. 57	126
重庆邮电大学	16	9	0. 56	127
昆明理工大学	68	38	0. 56	128
上海社会科学院	43	24	0. 56	129
福建师范大学	52	29	0. 56	130
中国石油大学	18	10	0. 56	131

续表

学校名称	专任教师总数	高级职称专任教师数	高级职称比	排名
中国地质大学	18	10	0. 56	132
西北农林科技大学	18	10	0. 56	133
上海师范大学	69	38	0. 55	134
华东师范大学	51	28	0. 55	135
湖南师范大学	86	47	0. 55	136
山西财经大学	48	26	0. 54	137
首都师范大学	74	40	0. 54	138
西安财经学院	32	17	0. 53	139
四川师范大学	49	26	0. 53	140
中华女子学院	17	9	0. 53	141
上海海事大学	57	30	0. 53	142
宁波大学	63	33	0. 52	143
浙江财经大学	56	29	0. 52	144
烟台大学	62	32	0. 52	145
西北民族大学	37	19	0. 51	146
云南财经大学	43	22	0. 51	147
兰州财经大学	61	30	0. 49	148
上海政法学院	57	28	0. 49	149
山东政法学院	190	92	0. 48	150
湖南工业大学	27	13	0. 48	151
中国农业大学	15	7	0. 47	152
长安大学	15	7	0. 47	153
中国矿业大学	15	7	0. 47	154
西南科技大学	56	26	0. 46	155

续表

学校名称	专任教师总数	高级职称专任教师数	高级职称比	排名
河南财经政法大学	100	46	0. 46	156
燕山大学	24	11	0. 46	157
天津工业大学	36	16	0. 44	158
长春工业大学	18	8	0. 44	159
河南师范大学	64	28	0. 44	160
吉林财经大学	32	14	0. 44	161
淮北师范大学	80	34	0. 43	162
哈尔滨商业大学	38	16	0. 42	163
太原科技大学	35	14	0. 40	164
同济大学	60	23	0. 38	165
北京化工大学	50	19	0. 38	166
北京外国语大学	35	13	0. 37	167
西安建筑科技大学	56	20	0. 36	168
山东科技大学	30	10	0. 33	169
南昌大学	50	16	0. 32	170
山东师范大学	41	13	0. 32	171
东北大学	61	18	0. 30	172
河北师范大学	59	13	0. 22	173
华北电力大学	24	5	0. 21	174
中国科学技术大学	84	17	0. 20	175
延边大学	34	6	0. 18	176
西南交通大学	40	7	0. 18	177
南京航空航天大学	18	3	0. 17	178
哈尔滨工程大学	21	3	0. 14	179

续表

学校名称	专任教师总数	高级职称专任教师数	高级职称比	排名
天津商业大学	51	7	0. 14	180
湖北大学	30	4	0. 13	181
西北政法大学	253	–	–	182
新疆财经大学	41	–	–	183
首都经济贸易大学	40	–	–	184
沈阳工业大学	40	0	0. 00	185
江西理工大学	23	–	–	186
新疆师范大学	20	–	–	187
华东交通大学	18	–	–	188
南京理工大学	9	–	–	189
中国社会科学院大学	–	–	–	190
西安政治学院	–	–	–	191
中共中央党校	–	–	–	192
东北林业大学	–	–	–	193
云南民族大学	–	–	–	194
西北工业大学	–	15	–	195
中国人民武装警察部队学院	–	–	–	196
四川省社会科学院	–	–	–	197
电子科技大学	–	–	–	198
南京政治学院	–	–	–	199
海军大连舰艇学院	–	–	–	200
中央司法警察学院	–	–	–	201
塔里木大学	–	–	–	202

续表

学校名称	专任教师总数	高级职称专任教师数	高级职称比	排名
国防大学	–	–	–	203

四、教学资源-课程开设数

一级指标：教学资源。

二级指标：课程开设数。

指标说明：课程开设数指的是列入教学计划的、当年度实际开设的、具有单独课程代码的课程数。一门课程由多位教师开设、多个教学班但是只有一个独立课程代码的课程仅计算为1门课程。

课程开设数与学校排名呈正相关趋势。课程开设数越多，学校教学资源越丰富，学生选择余地与所涉及知识范围越广，则越有利于法学人才培养，故排名越高。

学校名称	课程开设数	专业必修课开设数	专业选修课开设数	排名
中国政法大学	156	18	138	1
中南财经政法大学	127	29	98	2
山东政法学院	119	21	98	3
广州大学	100	18	82	4
河南大学	94	16	78	5
中国农业大学	94	22	72	6
厦门大学	93	19	74	7
青岛大学	92	19	73	8
苏州大学	90	11	79	9
宁波大学	89	28	61	10
重庆大学	84	25	59	11

续表

学校名称	课程开设数	专业必修课开设数	专业选修课开设数	排名
北京师范大学	81	13	68	12
湖南师范大学	81	23	58	13
中国人民大学	79	22	57	14
中央民族大学	78	24	54	15
贵州大学	76	17	59	16
山东大学	75	17	58	17
北京化工大学	75	18	57	18
武汉大学	74	18	56	19
中山大学	73	19	54	20
浙江工商大学	73	25	48	21
北京大学	72	18	54	22
杭州师范大学	71	18	53	23
辽宁师范大学	70	26	44	24
中华女子学院	70	22	48	25
延边大学	69	20	49	26
对外经济贸易大学	68	15	53	27
西南政法大学	68	22	46	28
浙江财经大学	68	25	43	29
山东师范大学	68	21	47	30
华南理工大学	67	19	48	31
郑州大学	67	34	33	32
华东师范大学	67	24	43	33
浙江师范大学	66	36	30	34

续表

学校名称	课程开设数	专业必修课开设数	专业选修课开设数	排名
西北大学	65	20	45	35
北京交通大学	64	17	47	36
深圳大学	64	18	46	37
中国社会科学院大学	63	15	48	38
华中师范大学	62	22	40	39
内蒙古大学	62	18	44	40
天津师范大学	62	23	39	41
浙江农林大学	61	23	38	42
南京财经大学	61	21	40	43
广东财经大学	60	23	37	44
湘潭大学	60	26	34	45
燕山大学	60	24	36	46
广西民族大学	59	26	33	47
吉首大学	59	20	39	48
西南大学	59	20	39	49
四川师范大学	59	17	42	50
吉林大学	58	18	40	51
上海对外经贸大学	58	33	25	52
江西财经大学	58	29	29	53
东北林业大学	58	23	35	54
中央财经大学	57	29	28	55
华中科技大学	57	33	24	56
南京师范大学	56	19	37	57

续表

学校名称	课程开设数	专业必修课开设数	专业选修课开设数	排名
黑龙江大学	56	15	41	58
大连海事大学	56	21	35	59
常州大学	56	19	37	60
中国海洋大学	56	21	35	61
西南民族大学	56	22	34	62
首都经济贸易大学	56	25	31	63
河北大学	55	21	34	64
海南大学	55	24	31	65
华东政法大学	55	24	31	66
长春理工大学	55	24	31	67
哈尔滨工业大学	55	20	35	68
重庆邮电大学	55	17	38	69
东南大学	54	14	40	70
上海海事大学	54	39	15	71
河南师范大学	54	22	32	72
江西理工大学	54	36	18	73
南京理工大学	54	32	22	74
清华大学	53	11	42	75
复旦大学	53	23	30	76
上海交通大学	53	22	31	77
浙江大学	53	24	29	78
沈阳师范大学	53	14	39	79
烟台大学	52	20	32	80

续表

学校名称	课程开设数	专业必修课开设数	专业选修课开设数	排名
同济大学	52	28	24	81
江西师范大学	51	25	26	82
广东外语外贸大学	51	18	33	83
福州大学	50	29	21	84
长春工业大学	50	23	27	85
东北师范大学	49	20	29	86
北京科技大学	48	23	25	87
安徽师范大学	48	31	17	88
南京大学	47	18	29	89
华中农业大学	47	20	27	90
宁夏大学	47	21	26	91
湖南工业大学	47	27	20	92
长安大学	47	36	11	93
西南科技大学	47	19	28	94
北京林业大学	46	24	22	95
河海大学	46	26	20	96
西北师范大学	46	21	25	97
上海师范大学	46	18	28	98
外交学院	45	9	36	99
中国计量学院	45	10	35	100
南京农业大学	45	26	19	101
安徽财经大学	45	29	16	102
福建师范大学	45	19	26	103

续表

学校名称	课程开设数	专业必修课开设数	专业选修课开设数	排名
河北师范大学	45	18	27	104
南京工业大学	44	28	16	105
华北电力大学	44	29	15	106
华东理工大学	42	29	13	107
山西大学	42	26	16	108
吉林财经大学	42	23	19	109
西南交通大学	42	36	6	110
北京航空航天大学	41	26	15	111
山东财经大学	41	21	20	112
中国地质大学	41	29	12	113
华东交通大学	40	17	23	114
云南民族大学	40	18	22	115
安徽大学	39	24	15	116
东北大学	39	33	6	117
湖北大学	38	18	20	118
西南财经大学	36	18	18	119
山西财经大学	35	16	19	120
云南财经大学	35	17	18	121
南京航空航天大学	35	21	14	122
沈阳工业大学	35	16	19	123
电子科技大学	35	15	20	124
淮北师范大学	34	20	14	125
上海政法学院	33	17	16	126

续表

学校名称	课程开设数	专业必修课开设数	专业选修课开设数	排名
中国民航大学	32	21	11	127
北京工商大学	32	17	15	128
山东科技大学	32	16	16	129
首都师范大学	31	15	16	130
西安财经学院	31	16	15	131
西北农林科技大学	30	14	16	132
西北工业大学	29	17	12	133
北京外国语大学	25	15	10	134
暨南大学	23	23	–	135
西北政法大学	20	20	–	136
上海财经大学	17	17	–	137
南昌大学	14	14	–	138
扬州大学	13	13	–	139
西安交通大学	–	–	–	140
北京邮电大学	–	–	–	141
中国科学院大学	–	–	–	142
陕西师范大学	–	–	–	143
辽宁大学	–	–	–	144
华南师范大学	–	–	–	145
贵州民族大学	–	–	–	146
东北财经大学	–	–	–	147
南开大学	–	–	–	148
四川大学	–	–	–	149

续表

学校名称	课程开设数	专业必修课开设数	专业选修课开设数	排名
中国青年政治学院	–	–	–	150
中南民族大学	–	–	–	151
上海大学	–	–	–	152
武汉理工大学	–	–	–	153
甘肃政法学院	–	–	–	154
南京审计大学	–	–	–	155
兰州大学	–	–	–	156
河北经贸大学	–	–	–	157
中南林业科技大学	–	–	–	158
江南大学	–	–	–	159
贵州师范大学	–	–	–	160
中国刑事警察学院	–	–	–	161
大连理工大学	–	–	–	162
中国人民公安大学	–	–	–	163
中南大学	–	–	–	164
浙江工业大学	–	–	–	165
北京理工大学	–	–	–	166
天津财经大学	–	–	–	167
北方工业大学	–	–	–	168
新疆大学	–	–	–	169
湖南大学	–	–	–	170
青海民族大学	–	–	–	171
云南大学	–	–	–	172

续表

学校名称	课程开设数	专业必修课开设数	专业选修课开设数	排名
广西师范大学	–	–	–	173
华侨大学	–	–	–	174
天津大学	–	–	–	175
吉林师范大学	–	–	–	176
广西大学	–	–	–	177
石家庄经济学院	–	–	–	178
昆明理工大学	–	–	–	179
上海社会科学院	–	–	–	180
中国石油大学	–	–	–	181
西北民族大学	–	–	–	182
兰州财经大学	–	–	–	183
中国矿业大学	–	–	–	184
河南财经政法大学	–	–	–	185
天津工业大学	–	–	–	186
哈尔滨商业大学	–	–	–	187
太原科技大学	–	–	–	188
西安建筑科技大学	–	–	–	189
中国科学技术大学	–	–	–	190
哈尔滨工程大学	–	–	–	191
天津商业大学	–	–	–	192
新疆财经大学	–	–	–	193
新疆师范大学	–	–	–	194
西安政治学院	–	–	–	195

续表

学校名称	课程开设数	专业必修课开设数	专业选修课开设数	排名
中共中央党校	–	–	–	196
中国人民武装警察部队学院	–	–	–	197
四川省社会科学院	–	–	–	198
南京政治学院	–	–	–	199
海军大连舰艇学院	–	–	–	200
中央司法警察学院	–	–	–	201
塔里木大学	–	–	–	202
国防大学	–	–	–	203

五、教学资源-课程结构

一级指标：教学资源。

二级指标：课程结构。

指标说明：课程结构=实践课程总学分/理论课程总学分；实践课程总学分：实验、实训和专业实习、社会实践、毕业论文等实践教学环节的总学分；理论课程总学分：除实践教学总学分之外的所有其他课程总学分。

法学教育是职业教育，对于实践教学具有较高的要求，高水平的法律实践教学在一定程度上决定了法学专业人才培养的质量，因此，这里的课程结构和学校排名呈正相关关系。课程结构比例越高，法律实践教学资源就越丰富，人才培养质量就越高，学校排名也就越靠前。

学校名称	课程总学分	理论课程总学分	实践课程总学分	课程结构	排名
山东大学	140	84	56	0. 667	1
重庆邮电大学	172	105	67	0. 638	2

续表

学校名称	课程总学分	理论课程总学分	实践课程总学分	课程结构	排名
杭州师范大学	166	120	46	0. 383	3
中南大学	139. 5	104	35. 5	0. 341	4
山东财经大学	155	116	39	0. 336	5
长安大学	180	135	45	0. 333	6
上海对外经贸大学	168	127	41	0. 323	7
山西大学	177	136	41	0. 301	8
西安财经学院	164. 5	127	37. 5	0. 295	9
常州大学	161	124. 5	36. 5	0. 293	10
首都经济贸易大学	151	117	34	0. 291	11
沈阳工业大学	170	132	38	0. 288	12
哈尔滨工业大学	158	123	35	0. 285	13
华北电力大学	204	159	45	0. 283	14
长春工业大学	206	161	45	0. 280	15
同济大学	171	134	37	0. 276	16
宁波大学	164	129	35	0. 271	17
长春理工大学	179	141	38	0. 270	18
山西财经大学	180	142	38	0. 268	19
北京林业大学	164. 5	130	34. 5	0. 265	20
北京航空航天大学	192. 5	152. 5	40	0. 262	21
华中师范大学	130	103	27	0. 262	22
烟台大学	164	130	34	0. 262	23
西南大学	162	128. 5	33. 5	0. 261	24
东北大学	230. 25	182. 88	47. 37	0. 259	25

续表

学校名称	课程总学分	理论课程总学分	实践课程总学分	课程结构	排名
西北师范大学	151.5	120.5	31	0.257	26
中国计量学院	165	131.5	33.5	0.255	27
西南科技大学	165	132	33	0.250	28
中南林业科技大学	160	128	32	0.250	29
江西财经大学	162	130	32	0.246	30
河北大学	165	132.5	32.5	0.245	31
华东理工大学	163	131	32	0.244	32
河南大学	159	129	30	0.233	33
青岛大学	160	130	30	0.231	34
西北农林科技大学	166	135	31	0.230	35
福州大学	160	131	29	0.221	36
河海大学	160	131	29	0.221	37
中国科学院大学	160	131	29	0.221	38
上海交通大学	144	118	26	0.220	39
西北工业大学	161	132	29	0.220	40
南京航空航天大学	170	139.5	30.5	0.219	41
首都师范大学	134	110	24	0.218	42
华东交通大学	164	135	29	0.215	43
湖北大学	170	140	30	0.214	44
上海政法学院	170	140	30	0.214	45
安徽财经大学	160	132	28	0.212	46
广东外语外贸大学	149	123	26	0.211	47
中国地质大学	175	145	30	0.207	48

续表

学校名称	课程总学分	理论课程总学分	实践课程总学分	课程结构	排名
北京科技大学	193	160	33	0. 206	49
浙江师范大学	164	136	28	0. 206	50
扬州大学	158. 5	131. 5	27	0. 205	51
中国石油大学	173. 5	144. 5	29	0. 201	52
中国海洋大学	150	125	25	0. 200	53
中央财经大学	166	139	27	0. 194	54
郑州大学	160	134	26	0. 194	55
东南大学	160	134	26	0. 194	56
江西师范大学	160	134	26	0. 194	57
南京工业大学	160	134	26	0. 194	58
西南财经大学	160	134	26	0. 194	59
云南财经大学	160	134	26	0. 194	60
对外经济贸易大学	173	145	28	0. 193	61
广西民族大学	161	135	26	0. 193	62
吉首大学	175	147	28	0. 190	63
湖南工业大学	176. 5	148. 5	28	0. 189	64
北京化工大学	189. 5	159. 5	30	0. 188	65
南京理工大学	160	135	25	0. 185	66
辽宁师范大学	160	135. 4	24. 6	0. 182	67
山东政法学院	163	138	25	0. 181	68
广州大学	164	139	25	0. 180	69
海南大学	165. 5	140. 5	25	0. 178	70
重庆大学	166	141	25	0. 177	71

续表

学校名称	课程总学分	理论课程总学分	实践课程总学分	课程结构	排名
华南理工大学	166	141	25	0. 177	72
淮北师范大学	156. 5	133	23. 5	0. 177	73
燕山大学	176. 5	150. 5	26	0. 173	74
福建师范大学	164	140	24	0. 171	75
安徽师范大学	159	136	23	0. 169	76
华东政法大学	167	143	24	0. 168	77
上海海事大学	178. 5	153	25. 5	0. 167	78
江西理工大学	180	155	25	0. 161	79
山东科技大学	137	118	19	0. 161	80
中国民航大学	177. 5	153	24. 5	0. 160	81
南京农业大学	160	138	22	0. 159	82
深圳大学	168	145	23	0. 159	83
西南政法大学	162	140	22	0. 157	84
华中科技大学	199	172	27	0. 157	85
东北林业大学	153	133	20	0. 150	86
西南交通大学	169	147	22	0. 150	87
上海财经大学	154. 5	134. 5	20	0. 149	88
中国农业大学	147	128	19	0. 148	89
上海师范大学	166	145	21	0. 145	90
贵州大学	169	148	21	0. 142	91
大连海事大学	164	144	20	0. 139	92
沈阳师范大学	165	145	20	0. 138	93
中央民族大学	144	127	17	0. 134	94

续表

学校名称	课程总学分	理论课程总学分	实践课程总学分	课程结构	排名
云南民族大学	165	146	19	0.130	95
西南民族大学	168	149	19	0.128	96
中国政法大学	164	146	18	0.123	97
宁夏大学	165	147	18	0.122	98
中国社会科学院大学	160	143	17	0.119	99
华中农业大学	164	147	17	0.116	100
中华女子学院	166	149	17	0.114	101
安徽大学	160	144	16	0.111	102
暨南大学	160	144	16	0.111	103
湖南师范大学	165	149	16	0.107	104
河南师范大学	165	149	16	0.107	105
山东师范大学	155	140	15	0.107	106
华东师范大学	150	136	14	0.103	107
浙江财经大学	165	150	15	0.100	108
中山大学	155	141	14	0.099	109
北京交通大学	159	145	14	0.097	110
内蒙古大学	160	146	14	0.096	111
湘潭大学	172.5	157.5	15	0.095	112
吉林大学	166	152	14	0.092	113
厦门大学	155	142	13	0.092	114
天津师范大学	147	135	12	0.089	115
武汉大学	140	129	11	0.085	116
中国人民大学	155	143	12	0.084	117

续表

学校名称	课程总学分	理论课程总学分	实践课程总学分	课程结构	排名
南京师范大学	130	120	10	0. 083	118
广东财经大学	157	145	12	0. 083	119
中南财经政法大学	175	162	13	0. 080	120
北京外国语大学	140	130	10	0. 077	121
电子科技大学	156	145	11	0. 076	122
清华大学	157	146	11	0. 075	123
黑龙江大学	162	151	11	0. 073	124
延边大学	150	140	10	0. 071	125
南京财经大学	165	154	11	0. 071	126
北京工商大学	137	128	9	0. 070	127
北京师范大学	189	177	12	0. 068	128
东北师范大学	158	148	10	0. 068	129
苏州大学	160	150	10	0. 067	130
河北师范大学	155	146	9	0. 062	131
浙江工商大学	198	187	11	0. 059	132
南京大学	150	142	8	0. 056	133
西北政法大学	150. 5	142. 5	8	0. 056	134
复旦大学	154	146	8	0. 055	135
兰州大学	158	150	8	0. 053	136
外交学院	163	155	8	0. 052	137
浙江农林大学	166	158	8	0. 051	138
浙江大学	168	160	8	0. 050	139
南昌大学	160	154	6	0. 039	140

续表

学校名称	课程总学分	理论课程总学分	实践课程总学分	课程结构	排名
北京大学	141	136	5	0.037	141
西北大学	151	–	–	–	142
吉林财经大学	145	145	0	0.000	143
西安交通大学	–	–	–	–	144
北京邮电大学	–	–	–	–	145
陕西师范大学	–	–	–	–	146
辽宁大学	166	–	–	–	147
华南师范大学	–	–	–	–	148
贵州民族大学	–	–	–	–	149
东北财经大学	–	–	–	–	150
南开大学	–	–	–	–	151
四川大学	–	–	–	–	152
中国青年政治学院	–	–	–	–	153
中南民族大学	–	–	–	–	154
上海大学	–	–	–	–	155
武汉理工大学	–	–	–	–	156
甘肃政法学院	–	–	–	–	157
南京审计大学	–	–	–	–	158
河北经贸大学	–	–	–	–	159
江南大学	–	–	–	–	160
贵州师范大学	–	–	–	–	161
中国刑事警察学院	–	–	–	–	162
大连理工大学	–	–	–	–	163

续表

学校名称	课程总学分	理论课程总学分	实践课程总学分	课程结构	排名
中国人民公安大学	–	–	–	–	164
浙江工业大学	–	–	–	–	165
北京理工大学	–	–	–	–	166
天津财经大学	–	–	–	–	167
北方工业大学	–	–	–	–	168
新疆大学	–	–	–	–	169
湖南大学	–	–	–	–	170
青海民族大学	–	–	–	–	171
云南大学	–	–	–	–	172
广西师范大学	–	–	–	–	173
华侨大学	–	–	–	–	174
天津大学	–	–	–	–	175
吉林师范大学	–	–	–	–	176
广西大学	–	–	–	–	177
石家庄经济学院	–	–	–	–	178
昆明理工大学	–	–	–	–	179
上海社会科学院	–	–	–	–	180
西北民族大学	–	–	–	–	181
兰州财经大学	–	–	–	–	182
中国矿业大学	–	–	–	–	183
河南财经政法大学	–	–	–	–	184
天津工业大学	–	–	–	–	185
哈尔滨商业大学	–	–	–	–	186

续表

学校名称	课程总学分	理论课程总学分	实践课程总学分	课程结构	排名
太原科技大学	–	–	–	–	187
西安建筑科技大学	–	–	–	–	188
中国科学技术大学	–	–	–	–	189
哈尔滨工程大学	–	–	–	–	190
天津商业大学	–	–	–	–	191
新疆财经大学	–	–	–	–	192
新疆师范大学	–	–	–	–	193
西安政治学院	–	–	–	–	194
中共中央党校	–	–	–	–	195
中国人民武装警察部队学院	–	–	–	–	196
四川省社会科学院	–	–	–	–	197
南京政治学院	–	–	–	–	198
海军大连舰艇学院	–	–	–	–	199
中央司法警察学院	–	–	–	–	200
塔里木大学	–	–	–	–	201
国防大学	–	–	–	–	202
四川师范大学	–	–	–	–	203

六、教学资源-分师比

一级指标：教学资源。

二级指标：分师比。

指标说明：总分师比=法学专业开设课程总学分（包括所有的必修

课程和选修课程）/教师总数；专业课分师比=法学专业课总学分/教师总数；专业必修课分师比=法学专业必修课总学分/教师总数。

分师比与学校排名呈负相关趋势。分师比越低，则每个教师所完成的课程学分越少，老师在相关专业领域开设的课程质量越高，相关法学专业的排名也越高。

学校名称	教师总数	课程总学分	分师比	排名
中国政法大学	467	164	0.35	1
西南政法大学	287	162	0.56	2
西北政法大学	253	150.5	0.59	3
中南财经政法大学	210	175	0.83	4
山东政法学院	190	163	0.86	5
华东政法大学	183	176	0.96	6
中国人民大学	129	157	1.22	7
武汉大学	100	140	1.40	8
北京大学	86	141	1.64	9
山东大学	81	140	1.73	10
吉林大学	96	166	1.73	11
河北大学	93	165	1.77	12
首都师范大学	74	134	1.81	13
南京师范大学	69	130	1.88	14
厦门大学	82	155	1.89	15
湖南师范大学	86	165	1.92	16
淮北师范大学	80	156.5	1.96	17
山东财经大学	77	155	2.01	18
广东财经大学	77	157	2.04	19

续表

学校名称	教师总数	课程总学分	分师比	排名
北京工商大学	65	137	2.11	20
郑州大学	75	160	2.13	21
上海交通大学	67	144	2.15	22
北京师范大学	86	189	2.20	23
宁夏大学	73	165	2.26	24
重庆大学	70	164	2.34	25
清华大学	67	157	2.34	26
浙江工商大学	83	198	2.39	27
深圳大学	70	168	2.40	28
中南大学	58	139.5	2.41	29
上海师范大学	69	166	2.41	30
河南大学	65	159	2.45	31
湘潭大学	70	172.5	2.46	32
东北师范大学	64	158	2.47	33
广东外语外贸大学	60	149	2.48	34
安徽大学	63	160	2.54	35
复旦大学	60	154	2.57	36
河南师范大学	64	165	2.58	37
苏州大学	62	160	2.58	38
黑龙江大学	60	155	2.58	39
西南民族大学	65	168	2.58	40
宁波大学	63	164	2.60	41
河北师范大学	59	155	2.63	42
中央财经大学	63	166	2.63	43

续表

学校名称	教师总数	课程总学分	分师比	排名
烟台大学	62	164	2.65	44
江西财经大学	61	162	2.66	45
对外经济贸易大学	64	173	2.70	46
海南大学	61	165.5	2.71	47
中山大学	55	155	2.82	48
安徽师范大学	56	159	2.84	49
同济大学	60	171	2.85	50
浙江大学	61	174	2.85	51
华南理工大学	58	166	2.86	52
西南大学	56	162	2.89	53
西南财经大学	55	160	2.91	54
北京航空航天大学	66	192.5	2.92	55
中央民族大学	49	144	2.94	56
华东师范大学	51	150	2.94	57
浙江财经大学	56	165	2.95	58
西南科技大学	56	165	2.95	59
青岛大学	54	160	2.96	60
上海政法学院	57	170	2.98	61
辽宁大学	55	166	3.02	62
安徽财经大学	52	160	3.08	63
沈阳师范大学	53	165	3.11	64
上海海事大学	57	178.5	3.13	65
东南大学	51	160	3.14	66
福建师范大学	52	164	3.15	67

续表

学校名称	教师总数	课程总学分	分师比	排名
上海对外经贸大学	53	168	3.17	68
华中师范大学	41	130	3.17	69
南昌大学	50	160	3.20	70
南京工业大学	50	160	3.20	71
福州大学	50	160	3.20	72
上海财经大学	48	154.5	3.22	73
内蒙古大学	49	160	3.27	74
暨南大学	49	160	3.27	75
贵州大学	51	169	3.31	76
广州大学	49	164	3.35	77
南京财经大学	49	165	3.37	78
中国海洋大学	44	150	3.41	79
西北大学	43	151	3.51	80
华中科技大学	56	199	3.55	81
扬州大学	43	158.5	3.69	82
云南财经大学	43	160	3.72	83
山西财经大学	48	180	3.75	84
兰州大学	42	158	3.76	85
东北大学	61	230.25	3.77	86
首都经济贸易大学	40	151	3.78	87
山东师范大学	41	155	3.78	88
北京化工大学	50	189.5	3.79	89
山西大学	46	177	3.85	90
天津师范大学	37	147	3.97	91

续表

学校名称	教师总数	课程总学分	分师比	排名
北京外国语大学	35	140	4.00	92
常州大学	40	161	4.03	93
西南交通大学	40	169	4.23	94
杭州师范大学	39	166	4.26	95
延边大学	34	150	4.41	96
河海大学	36	160	4.44	97
西北师范大学	34	151.5	4.46	98
沈阳工业大学	40	180	4.50	99
吉林财经大学	32	145	4.53	100
山东科技大学	30	137	4.57	101
长春理工大学	39	179	4.59	102
广西民族大学	34	161	4.74	103
北京交通大学	32	159	4.97	104
江西师范大学	32	160	5.00	105
西安财经学院	32	164.5	5.14	106
辽宁师范大学	30	160	5.33	107
湖北大学	30	178	5.93	108
华东理工大学	27	163	6.04	109
哈尔滨工业大学	26	158	6.08	110
中南林业科技大学	25	160	6.40	111
湖南工业大学	27	176.5	6.54	112
浙江农林大学	23	166	7.22	113
燕山大学	24	176.5	7.35	114
外交学院	22	163	7.41	115

续表

学校名称	教师总数	课程总学分	分师比	排名
中国计量学院	22	165	7. 50	116
吉首大学	23	175	7. 61	117
江西理工大学	23	180	7. 83	118
浙江师范大学	20	164	8. 20	119
华北电力大学	24	203	8. 46	120
华中农业大学	19	166	8. 74	121
华东交通大学	18	164	9. 11	122
西北农林科技大学	18	166	9. 22	123
南京大学	16	150	9. 38	124
南京航空航天大学	18	170	9. 44	125
中国石油大学	18	173. 5	9. 64	126
北京科技大学	20	193	9. 65	127
中国地质大学	18	175	9. 72	128
中华女子学院	17	166	9. 76	129
中国农业大学	15	147	9. 80	130
重庆邮电大学	16	172	10. 75	131
大连海事大学	15	166	11. 07	132
中国民航大学	16	177. 5	11. 09	133
长春工业大学	18	206	11. 44	134
长安大学	15	180	12. 00	135
南京农业大学	13	160	12. 31	136
北京林业大学	14	174. 5	12. 46	137
中国科学院大学	12	160	13. 33	138
南京理工大学	9	160	17. 78	139

续表

学校名称	教师总数	课程总学分	分师比	排名
西北工业大学	–	161	–	140
东北林业大学	–	153	–	141
云南民族大学	–	165	–	142
中国社会科学院大学	–	160	–	143
电子科技大学	–	156	–	144
四川师范大学	49	–	–	145
西安交通大学	35	–	–	146
北京邮电大学	12	–	–	147
陕西师范大学	10	–	–	148
华南师范大学	40	–	–	149
贵州民族大学	58	–	–	150
东北财经大学	34	–	–	151
南开大学	63	–	–	152
四川大学	67	–	–	153
中国青年政治学院	45	–	–	154
中南民族大学	52	–	–	155
上海大学	45	–	–	156
武汉理工大学	40	–	–	157
甘肃政法学院	192	–	–	158
南京审计大学	52	–	–	159
河北经贸大学	60	–	–	160
江南大学	25	–	–	161
贵州师范大学	42	–	–	162
中国刑事警察学院	18	–	–	163

续表

学校名称	教师总数	课程总学分	分师比	排名
大连理工大学	15	–	–	164
中国人民公安大学	64	–	–	165
浙江工业大学	65	–	–	166
北京理工大学	48	–	–	167
天津财经大学	36	–	–	168
北方工业大学	24	–	–	169
新疆大学	53	–	–	170
湖南大学	111	–	–	171
青海民族大学	39	–	–	172
云南大学	81	–	–	173
广西师范大学	75	–	–	174
华侨大学	47	–	–	175
天津大学	53	–	–	176
吉林师范大学	12	–	–	177
广西大学	43	–	–	178
石家庄经济学院	45	–	–	179
昆明理工大学	68	–	–	180
上海社会科学院	43	–	–	181
西北民族大学	37	–	–	182
兰州财经大学	61	–	–	183
中国矿业大学	15	–	–	184
河南财经政法大学	100	–	–	185
天津工业大学	36	–	–	186
哈尔滨商业大学	38	–	–	187

续表

学校名称	教师总数	课程总学分	分师比	排名
太原科技大学	35	–	–	188
西安建筑科技大学	56	–	–	189
中国科学技术大学	84	–	–	190
哈尔滨工程大学	21	–	–	191
天津商业大学	51	–	–	192
新疆财经大学	41	–	–	193
新疆师范大学	20	–	–	194
西安政治学院	–	–	–	195
中共中央党校	–	–	–	196
中国人民武装警察部队学院	–	–	–	197
四川省社会科学院	–	–	–	198
南京政治学院	–	–	–	199
海军大连舰艇学院	–	–	–	200
中央司法警察学院	–	–	–	201
塔里木大学	–	–	–	202
国防大学	–	–	–	203

七、教学资源–课师比

一级指标：教学资源。

二级指标：课师比。

指标说明：总课师比=法学专业开设课程总数（包括所有的必修课程和选修课程）/教师总数；专业课课师比=法学专业课总数量/教师总数；专业必修课课师比=法学专业必修课总数量/教师总数。

课师比与学校排名呈负相关趋势。课师比越低，则每个老师所开设课程越少，老师在相关专业领域开设课程越集中，进而越有利于教学资源的合理分配，故排名越高。

学校名称	教师总数	课程开设数	课师比	排名
西北政法大学	253	20	0. 079	1
西南政法大学	287	68	0. 237	2
南昌大学	50	14	0. 280	3
华东政法大学	183	55	0. 301	4
扬州大学	43	13	0. 302	5
中国政法大学	467	156	0. 334	6
上海财经大学	48	17	0. 354	7
首都师范大学	74	31	0. 419	8
淮北师范大学	80	34	0. 425	9
暨南大学	49	23	0. 469	10
北京工商大学	65	32	0. 492	11
山东财经大学	77	41	0. 532	12
上海政法学院	57	33	0. 579	13
河北大学	93	55	0. 591	14
吉林大学	96	58	0. 604	15
中南财经政法大学	210	127	0. 605	16
中国人民大学	129	79	0. 612	17
安徽大学	63	39	0. 619	18
北京航空航天大学	66	41	0. 621	19
山东政法学院	190	119	0. 626	20
东北大学	61	39	0. 639	21
宁夏大学	73	47	0. 644	22

续表

学校名称	教师总数	课程开设数	课师比	排名
西南财经大学	55	36	0.655	23
上海师范大学	69	46	0.667	24
北京外国语大学	35	25	0.714	25
山西财经大学	48	35	0.729	26
武汉大学	100	74	0.740	27
河北师范大学	59	45	0.763	28
东北师范大学	64	49	0.766	29
广东财经大学	77	60	0.779	30
清华大学	67	53	0.791	31
上海交通大学	67	53	0.791	32
南京师范大学	69	56	0.812	33
云南财经大学	43	35	0.814	34
北京大学	86	72	0.837	35
烟台大学	62	52	0.839	36
西南科技大学	56	47	0.839	37
河南师范大学	64	54	0.844	38
广东外语外贸大学	60	51	0.850	39
安徽师范大学	56	48	0.857	40
湘潭大学	70	60	0.857	41
西南民族大学	65	56	0.862	42
福建师范大学	52	45	0.865	43
安徽财经大学	52	45	0.865	44
同济大学	60	52	0.867	45
浙江大学	61	53	0.869	46

续表

学校名称	教师总数	课程开设数	课师比	排名
沈阳工业大学	40	35	0. 875	47
浙江工商大学	83	73	0. 880	48
南京工业大学	50	44	0. 880	49
复旦大学	60	53	0. 883	50
郑州大学	75	67	0. 893	51
海南大学	61	55	0. 902	52
中央财经大学	63	57	0. 905	53
山西大学	46	42	0. 913	54
深圳大学	70	64	0. 914	55
山东大学	81	75	0. 926	56
黑龙江大学	60	56	0. 933	57
北京师范大学	86	81	0. 942	58
湖南师范大学	86	81	0. 942	59
上海海事大学	57	54	0. 947	60
江西财经大学	61	58	0. 951	61
西安财经学院	32	31	0. 969	62
福州大学	50	50	1. 000	63
沈阳师范大学	53	53	1. 000	64
华中科技大学	56	57	1. 018	65
西南交通大学	40	42	1. 050	66
西南大学	56	59	1. 054	67
东南大学	51	54	1. 059	68
对外经济贸易大学	64	68	1. 063	69
山东科技大学	30	32	1. 067	70

续表

学校名称	教师总数	课程开设数	课师比	排名
上海对外经贸大学	53	58	1.094	71
厦门大学	82	93	1.134	72
华南理工大学	58	67	1.155	73
重庆大学	70	84	1.200	74
四川师范大学	49	59	1.204	75
浙江财经大学	56	68	1.214	76
南京财经大学	49	61	1.245	77
内蒙古大学	49	62	1.265	78
湖北大学	30	38	1.267	79
中国海洋大学	44	56	1.273	80
河海大学	36	46	1.278	81
吉林财经大学	32	42	1.313	82
华东师范大学	51	67	1.314	83
中山大学	55	73	1.327	84
西北师范大学	34	46	1.353	85
常州大学	40	56	1.400	86
首都经济贸易大学	40	56	1.400	87
长春理工大学	39	55	1.410	88
宁波大学	63	89	1.413	89
河南大学	65	94	1.446	90
苏州大学	62	90	1.452	91
贵州大学	51	76	1.490	92
北京化工大学	50	75	1.500	93
西北大学	43	65	1.512	94

续表

学校名称	教师总数	课程开设数	课师比	排名
华中师范大学	41	62	1.512	95
华东理工大学	27	42	1.556	96
中央民族大学	49	78	1.592	97
江西师范大学	32	51	1.594	98
山东师范大学	41	68	1.659	99
西北农林科技大学	18	30	1.667	100
天津师范大学	37	62	1.676	101
青岛大学	54	92	1.704	102
广西民族大学	34	59	1.735	103
湖南工业大学	27	47	1.741	104
杭州师范大学	39	71	1.821	105
华北电力大学	24	44	1.833	106
南京航空航天大学	18	35	1.944	107
中国民航大学	16	32	2.000	108
北京交通大学	32	64	2.000	109
延边大学	34	69	2.029	110
广州大学	49	100	2.041	111
中国计量学院	22	45	2.045	112
外交学院	22	45	2.045	113
哈尔滨工业大学	26	55	2.115	114
华东交通大学	18	40	2.222	115
中国地质大学	18	41	2.278	116
辽宁师范大学	30	70	2.333	117
江西理工大学	23	54	2.348	118

续表

学校名称	教师总数	课程开设数	课师比	排名
北京科技大学	20	48	2.400	119
华中农业大学	19	47	2.474	120
燕山大学	24	60	2.500	121
吉首大学	23	59	2.565	122
浙江农林大学	23	61	2.652	123
长春工业大学	18	50	2.778	124
南京大学	16	47	2.938	125
长安大学	15	47	3.133	126
北京林业大学	14	46	3.286	127
浙江师范大学	20	66	3.300	128
重庆邮电大学	16	55	3.438	129
南京农业大学	13	45	3.462	130
大连海事大学	15	56	3.733	131
中华女子学院	17	70	4.118	132
南京理工大学	9	54	6.000	133
中国农业大学	15	94	6.267	134
中国科学院大学	12	0	–	135
中国石油大学	18	–	–	136
中南林业科技大学	25	–	–	137
兰州大学	42	–	–	138
辽宁大学	55	–	–	139
中南大学	58	–	–	140
西北工业大学	–	29	–	141
东北林业大学	–	58	–	142

续表

学校名称	教师总数	课程开设数	课师比	排名
云南民族大学	–	40	–	143
中国社会科学院大学	–	63	–	144
电子科技大学	–	35	–	145
西安交通大学	35	–	–	146
北京邮电大学	12	–	–	147
陕西师范大学	10	–	–	148
华南师范大学	40	–	–	149
贵州民族大学	58	–	–	150
东北财经大学	34	–	–	151
南开大学	63	–	–	152
四川大学	67	–	–	153
中国青年政治学院	45	–	–	154
中南民族大学	52	–	–	155
上海大学	45	–	–	156
武汉理工大学	40	–	–	157
甘肃政法学院	192	–	–	158
南京审计大学	52	–	–	159
河北经贸大学	60	–	–	160
江南大学	25	–	–	161
贵州师范大学	42	–	–	162
中国刑事警察学院	18	–	–	163
大连理工大学	15	–	–	164
中国人民公安大学	64	–	–	165
浙江工业大学	65	–	–	166

续表

学校名称	教师总数	课程开设数	课师比	排名
北京理工大学	48	–	–	167
天津财经大学	36	–	–	168
北方工业大学	24	–	–	169
新疆大学	53	–	–	170
湖南大学	111	–	–	171
青海民族大学	39	–	–	172
云南大学	81	–	–	173
广西师范大学	75	–	–	174
华侨大学	47	–	–	175
天津大学	53	–	–	176
吉林师范大学	12	–	–	177
广西大学	43	–	–	178
石家庄经济学院	45	–	–	179
昆明理工大学	68	–	–	180
上海社会科学院	43	–	–	181
西北民族大学	37	–	–	182
兰州财经大学	61	–	–	183
中国矿业大学	15	–	–	184
河南财经政法大学	100	–	–	185
天津工业大学	36	–	–	186
哈尔滨商业大学	38	–	–	187
太原科技大学	35	–	–	188
西安建筑科技大学	56	–	–	189
中国科学技术大学	84	–	–	190

续表

学校名称	教师总数	课程开设数	课师比	排名
哈尔滨工程大学	21	-	-	191
天津商业大学	51	-	-	192
新疆财经大学	41	-	-	193
新疆师范大学	20	-	-	194
西安政治学院	-	-	-	195
中共中央党校	-	-	-	196
中国人民武装警察部队学院	-	-	-	197
四川省社会科学院	-	-	-	198
南京政治学院	-	-	-	199
海军大连舰艇学院	-	-	-	200
中央司法警察学院	-	-	-	201
塔里木大学	-	-	-	202
国防大学	-	-	-	203

八、人才培养-课生比

一级指标：人才培养。

二级指标：课生比。

指标说明：课生比=法学专业开设课程总数（包括所有的必修课程和选修课程）/在校学生总数。

课生比与学校排名呈正相关趋势。课生比越高，则每个学生所享受到的教学资源越多，越有利于人才培养，故排名越高。

学校名称	在校学生总数	课程总数	课生比	排名
哈尔滨工业大学	104	55	0.529	1

续表

学校名称	在校学生总数	课程总数	课生比	排名
中国农业大学	239	94	0. 393	2
南京工业大学	123	44	0. 358	3
青岛大学	291	92	0. 316	4
南京航空航天大学	114	35	0. 307	5
西北工业大学	102	29	0. 284	6
电子科技大学	127	35	0. 276	7
上海交通大学	198	53	0. 268	8
外交学院	187	45	0. 241	9
南京师范大学	255	56	0. 220	10
同济大学	243	52	0. 214	11
西北大学	305	65	0. 213	12
北京航空航天大学	202	41	0. 203	13
首都师范大学	162	31	0. 191	14
长春理工大学	306	55	0. 180	15
延边大学	394	69	0. 175	16
长安大学	286	47	0. 164	17
重庆邮电大学	337	55	0. 163	18
上海师范大学	287	46	0. 160	19
重庆大学	530	84	0. 158	20
燕山大学	379	60	0. 158	21
北京交通大学	416	64	0. 154	22
常州大学	384	56	0. 146	23
北京化工大学	537	75	0. 140	24
北京林业大学	333	46	0. 138	25

续表

学校名称	在校学生总数	课程总数	课生比	排名
首都经济贸易大学	425	56	0. 132	26
华北电力大学	337	44	0. 131	27
河海大学	356	46	0. 129	28
北京师范大学	639	81	0. 127	29
南京农业大学	366	45	0. 123	30
南京理工大学	442	54	0. 122	31
河北师范大学	371	45	0. 121	32
东北大学	323	39	0. 121	33
苏州大学	762	90	0. 118	34
山东师范大学	580	68	0. 117	35
中国民航大学	274	32	0. 117	36
浙江农林大学	528	61	0. 116	37
宁波大学	781	89	0. 114	38
天津师范大学	547	62	0. 113	39
江西理工大学	498	54	0. 108	40
东南大学	501	54	0. 108	41
对外经济贸易大学	632	68	0. 108	42
上海对外经贸大学	542	58	0. 107	43
湖北大学	357	38	0. 106	44
厦门大学	901	93	0. 103	45
淮北师范大学	330	34	0. 103	46
内蒙古大学	607	62	0. 102	47
浙江师范大学	648	66	0. 102	48
北京科技大学	487	48	0. 099	49

续表

学校名称	在校学生总数	课程总数	课生比	排名
华东师范大学	689	67	0. 097	50
湖南师范大学	834	81	0. 097	51
华南理工大学	691	67	0. 097	52
云南财经大学	361	35	0. 097	53
海南大学	574	55	0. 096	54
杭州师范大学	746	71	0. 095	55
湘潭大学	633	60	0. 095	56
吉首大学	623	59	0. 095	57
中央民族大学	826	78	0. 094	58
浙江大学	569	53	0. 093	59
上海海事大学	581	54	0. 093	60
中国计量学院	487	45	0. 092	61
清华大学	602	53	0. 088	62
中国地质大学	466	41	0. 088	63
安徽财经大学	514	45	0. 088	64
宁夏大学	540	47	0. 087	65
西南交通大学	485	42	0. 087	66
江西财经大学	684	58	0. 085	67
华东理工大学	504	42	0. 083	68
华中科技大学	687	57	0. 083	69
长春工业大学	605	50	0. 083	70
福州大学	620	50	0. 081	71
中国海洋大学	703	56	0. 080	72
东北林业大学	730	58	0. 079	73

续表

学校名称	在校学生总数	课程总数	课生比	排名
南京财经大学	773	61	0.079	74
西南科技大学	602	47	0.078	75
江西师范大学	682	51	0.075	76
安徽大学	531	39	0.073	77
浙江工商大学	1016	73	0.072	78
辽宁师范大学	982	70	0.071	79
南京大学	660	47	0.071	80
河南大学	1336	94	0.070	81
广州大学	1427	100	0.070	82
中央财经大学	833	57	0.068	83
沈阳工业大学	516	35	0.068	84
安徽师范大学	730	48	0.066	85
吉林财经大学	651	42	0.065	86
贵州大学	1236	76	0.061	87
武汉大学	1219	74	0.061	88
北京工商大学	533	32	0.060	89
湖南工业大学	802	47	0.059	90
北京大学	1283	72	0.056	91
沈阳师范大学	943	53	0.056	92
华中农业大学	856	47	0.055	93
暨南大学	422	23	0.055	94
华东交通大学	736	40	0.054	95
中国人民大学	1462	79	0.054	96
东北师范大学	925	49	0.053	97

续表

学校名称	在校学生总数	课程总数	课生比	排名
北京外国语大学	487	25	0.051	98
西南财经大学	704	36	0.051	99
西安财经学院	617	31	0.050	100
广西民族大学	1187	59	0.050	101
河北大学	1110	55	0.050	102
西北师范大学	937	46	0.049	103
华中师范大学	1297	62	0.048	104
广东外语外贸大学	1069	51	0.048	105
云南民族大学	839	40	0.048	106
复旦大学	1134	53	0.047	107
山东财经大学	888	41	0.046	108
山西财经大学	804	35	0.044	109
深圳大学	1544	64	0.041	110
山东科技大学	785	32	0.041	111
西北农林科技大学	760	30	0.039	112
烟台大学	1318	52	0.039	113
中山大学	1875	73	0.039	114
山东大学	2017	75	0.037	115
西南民族大学	1532	56	0.037	116
四川师范大学	1665	59	0.035	117
郑州大学	1897	67	0.035	118
西南大学	1694	59	0.035	119
吉林大学	1677	58	0.035	120
河南师范大学	1604	54	0.034	121

续表

学校名称	在校学生总数	课程总数	课生比	排名
福建师范大学	1577	45	0.029	122
中南财经政法大学	4479	127	0.028	123
山西大学	1494	42	0.028	124
中国政法大学	5619	156	0.028	125
上海财经大学	631	17	0.027	126
黑龙江大学	2352	56	0.024	127
扬州大学	787	13	0.017	128
南昌大学	1289	14	0.011	129
华东政法大学	5371	55	0.010	130
上海政法学院	4213	33	0.008	131
西南政法大学	9639	68	0.007	132
西北政法大学	7093	20	0.003	133
山东政法学院	–	119	–	134
广东财经大学	–	60	–	135
浙江财经大学	–	68	–	136
大连海事大学	–	56	–	137
中华女子学院	–	70	–	138
中国石油大学	233	–	–	139
中南林业科技大学	536	–	–	140
兰州大学	1201	–	–	141
辽宁大学	667	–	–	142
中南大学	947	–	–	143
中国社会科学院大学	–	63	–	144
西安交通大学	181	–	–	145

续表

学校名称	在校学生总数	课程总数	课生比	排名
北京邮电大学	121	–	–	146
陕西师范大学	899	–	–	147
华南师范大学	2161	–	–	148
贵州民族大学	1892	–	–	149
东北财经大学	478	–	–	150
南开大学	1114	–	–	151
四川大学	986	–	–	152
中国青年政治学院	566	–	–	153
中南民族大学	1102	–	–	154
上海大学	624	–	–	155
武汉理工大学	946	–	–	156
甘肃政法学院	2748	–	–	157
南京审计大学	–	–	–	158
河北经贸大学	1134	–	–	159
江南大学	787	–	–	160
贵州师范大学	1451	–	–	161
中国刑事警察学院	–	–	–	162
大连理工大学	304	–	–	163
中国人民公安大学	–	–	–	164
浙江工业大学	846	–	–	165
北京理工大学	339	–	–	166
天津财经大学	506	–	–	167
北方工业大学	316	–	–	168
新疆大学	1488	–	–	169

续表

学校名称	在校学生总数	课程总数	课生比	排名
湖南大学	601	–	–	170
青海民族大学	395	–	–	171
云南大学	2242	–	–	172
广西师范大学	1165	–	–	173
华侨大学	889	–	–	174
天津大学	241	–	–	175
吉林师范大学	242	–	–	176
广西大学	845	–	–	177
石家庄经济学院	611	–	–	178
昆明理工大学	1561	–	–	179
上海社会科学院	–	–	–	180
西北民族大学	625	–	–	181
兰州财经大学	–	–	–	182
中国矿业大学	392	–	–	183
河南财经政法大学	1753	–	–	184
天津工业大学	480	–	–	185
哈尔滨商业大学	449	–	–	186
太原科技大学	772	–	–	187
西安建筑科技大学	189	–	–	188
中国科学技术大学	–	–	–	189
哈尔滨工程大学	178	–	–	190
天津商业大学	1062	–	–	191
新疆财经大学	604	–	–	192
新疆师范大学	362	–	–	193

续表

学校名称	在校学生总数	课程总数	课生比	排名
西安政治学院	-	-	-	194
中共中央党校	-	-	-	195
中国人民武装警察部队学院	-	-	-	196
四川省社会科学院	-	-	-	197
南京政治学院	-	-	-	198
海军大连舰艇学院	-	-	-	199
中央司法警察学院	-	-	-	200
塔里木大学	-	-	-	201
国防大学	-	-	-	202
中国科学院大学	-	-	-	203

九、教学资源-稳定度

一级指标：教学资源。

二级指标：稳定度。

指标说明：稳定度=年度毕业生总人数/年度新招学生人数。

稳定度以1.00为中心值，各学校数据与其偏差为解释变量，偏差值越小，则学生数量越稳定，越有利于教学资源的合理分配，故排名越高。

学校名称	稳定度	排名
南开大学	1.000	1
西南政法大学	0.999	2
南京财经大学	0.995	3
杭州师范大学	1.006	4

续表

学校名称	稳定度	排名
四川大学	0. 989	5
中国人民大学	0. 989	6
吉林财经大学	0. 988	7
北方工业大学	1. 013	8
华中科技大学	1. 014	9
北京师范大学	1. 018	10
湘潭大学	1. 019	11
福州大学	1. 020	12
贵州大学	0. 980	13
南京大学	0. 979	14
中山大学	0. 977	15
中南民族大学	1. 023	16
吉首大学	1. 026	17
天津工业大学	1. 026	18
陕西师范大学	0. 974	19
福建师范大学	0. 970	20
复旦大学	1. 030	21
南京农业大学	1. 032	22
西南科技大学	1. 033	23
西北农林科技大学	0. 967	24
中国矿业大学	0. 966	25
西北民族大学	1. 035	26
广州大学	0. 964	27
山东财经大学	1. 036	28

续表

学校名称	稳定度	排名
河北大学	0.964	29
山西大学	1.037	30
暨南大学	0.963	31
天津师范大学	0.962	32
湖南师范大学	1.038	33
云南大学	0.957	34
天津大学	1.043	35
广东外语外贸大学	0.955	36
华中农业大学	1.045	37
安徽财经大学	0.954	38
武汉理工大学	0.954	39
华东政法大学	1.046	40
清华大学	1.047	41
西北政法大学	0.952	42
厦门大学	1.050	43
新疆师范大学	1.058	44
西安财经学院	1.060	45
上海交通大学	0.939	46
云南民族大学	1.064	47
烟台大学	1.065	48
吉林师范大学	0.933	49
南京航空航天大学	0.929	50
东北林业大学	1.076	51
北京外国语大学	0.922	52

续表

学校名称	稳定度	排名
北京科技大学	1. 079	53
北京大学	1. 080	54
南京理工大学	1. 082	55
安徽大学	0. 915	56
江西财经大学	1. 087	57
首都师范大学	1. 089	58
沈阳师范大学	1. 092	59
北京林业大学	1. 095	60
北京邮电大学	0. 903	61
苏州大学	0. 894	62
兰州大学	0. 894	63
中国政法大学	1. 110	64
云南财经大学	0. 890	65
华东师范大学	1. 111	66
北京化工大学	0. 888	67
北京交通大学	0. 882	68
中央民族大学	1. 118	69
哈尔滨工业大学	1. 120	70
河海大学	1. 121	71
首都经济贸易大学	1. 122	72
贵州师范大学	1. 127	73
湖南大学	0. 872	74
四川师范大学	1. 128	75
延边大学	1. 130	76

续表

学校名称	稳定度	排名
重庆邮电大学	0.867	77
中南财经政法大学	0.866	78
河南大学	0.866	79
电子科技大学	1.135	80
扬州大学	1.138	81
江西理工大学	1.139	82
吉林大学	0.860	83
青海民族大学	0.859	84
燕山大学	0.858	85
华北电力大学	1.145	86
重庆大学	1.147	87
中国青年政治学院	1.148	88
河南师范大学	0.851	89
安徽师范大学	1.150	90
长春工业大学	0.850	91
浙江师范大学	1.151	92
西北工业大学	1.154	93
东南大学	0.846	94
石家庄经济学院	0.845	95
中国石油大学	1.166	96
西南民族大学	1.168	97
广西民族大学	0.830	98
新疆大学	0.825	99
中国地质大学	0.822	100

续表

学校名称	稳定度	排名
辽宁大学	1. 178	101
江南大学	0. 817	102
山西财经大学	0. 815	103
甘肃政法学院	0. 812	104
内蒙古大学	0. 807	105
黑龙江大学	0. 807	106
山东大学	1. 194	107
浙江工业大学	1. 196	108
西安交通大学	1. 200	109
上海财经大学	1. 202	110
华侨大学	1. 204	111
西南财经大学	0. 786	112
常州大学	0. 785	113
华东理工大学	1. 224	114
淮北师范大学	0. 769	115
同济大学	1. 232	116
华南理工大学	0. 764	117
西北师范大学	0. 764	118
湖南工业大学	0. 763	119
中国农业大学	1. 243	120
海南大学	1. 244	121
中南林业科技大学	0. 755	122
宁夏大学	1. 246	123
北京工商大学	0. 747	124

续表

学校名称	稳定度	排名
东北师范大学	0.743	125
华东交通大学	0.729	126
北京理工大学	0.719	127
深圳大学	1.287	128
华中师范大学	0.709	129
西北大学	1.308	130
西南大学	1.312	131
郑州大学	1.319	132
天津财经大学	0.667	133
辽宁师范大学	0.664	134
上海师范大学	1.339	135
外交学院	0.661	136
长春理工大学	1.343	137
对外经济贸易大学	1.348	138
广西大学	1.368	139
贵州民族大学	0.630	140
东北大学	0.614	141
湖北大学	1.386	142
昆明理工大学	1.414	143
哈尔滨商业大学	1.415	144
浙江工商大学	1.427	145
中国海洋大学	1.429	146
武汉大学	1.431	147
哈尔滨工程大学	0.567	148

续表

学校名称	稳定度	排名
华南师范大学	1.434	149
河北经贸大学	1.459	150
西安建筑科技大学	0.508	151
东北财经大学	0.500	152
河南财经政法大学	0.494	153
中央财经大学	0.485	154
上海政法学院	1.520	155
天津商业大学	0.475	156
中国民航大学	0.475	157
南昌大学	1.535	158
中国计量学院	1.557	159
西南交通大学	1.574	160
上海对外经贸大学	1.594	161
广西师范大学	1.624	162
上海海事大学	1.656	163
江西师范大学	1.669	164
浙江农林大学	1.793	165
太原科技大学	1.829	166
沈阳工业大学	1.853	167
南京师范大学	1.914	168
长安大学	2.000	169
南京工业大学	2.032	170
新疆财经大学	2.175	171
山东科技大学	2.971	172

续表

学校名称	稳定度	排名
青岛大学	–	173
北京航空航天大学	–	174
河北师范大学	–	175
山东师范大学	–	176
宁波大学	5.000	177
浙江大学	–	178
山东政法学院	–	179
广东财经大学	–	180
浙江财经大学	–	181
大连海事大学	–	182
中华女子学院	–	183
中国科学院大学	–	184
中南大学	–	185
中国社会科学院大学	–	186
上海大学	255.000	187
南京审计大学	–	188
中国刑事警察学院	–	189
大连理工大学	–	190
中国人民公安大学	–	191
上海社会科学院	–	192
兰州财经大学	–	193
中国科学技术大学	–	194
西安政治学院	–	195
中共中央党校	–	196

续表

学校名称	稳定度	排名
中国人民武装警察部队学院	–	197
四川省社会科学院	–	198
南京政治学院	–	199
海军大连舰艇学院	–	200
中央司法警察学院	–	201
塔里木大学	–	202
国防大学	–	203

十、就业与发展-深造总人数

一级指标：就业与发展。

二级指标：深造总人数。

指标说明：当年法律毕业生继续深造人数包括继续攻读硕士学位、出国留学等学生人数。

深造总人数与学校排名呈正相关趋势。深造总人数越高，学生就业与发展水平越高，则学校排名越高。

学校名称	深造总人数	排名
中国政法大学	627	1
华东政法大学	504	2
宁波大学	413	3
中南财经政法大学	309	4
西北政法大学	266	5
上海政法学院	214	6
广西师范大学	125	7

续表

学校名称	深造总人数	排名
河南财经政法大学	116	8
安徽师范大学	110	9
北京大学	95	10
湖南大学	94	11
上海海事大学	91	12
中国海洋大学	79	13
浙江大学	78	14
中国人民大学	75	15
北京师范大学	72	16
四川大学	71	17
山东师范大学	69	18
华南理工大学	66	19
清华大学	64	20
山东大学	62	21
厦门大学	61	22
吉林大学	60	23
湘潭大学	58	24
南京大学	54	25
对外经济贸易大学	51	26
河北经贸大学	51	27
中央财经大学	50	28
湖南师范大学	48	29
重庆大学	46	30
江西财经大学	43	31

续表

学校名称	深造总人数	排名
安徽财经大学	41	32
江南大学	39	33
华中科技大学	38	34
北京科技大学	38	35
北京交通大学	38	36
北京工商大学	38	37
浙江工商大学	38	38
武汉理工大学	37	39
北京林业大学	37	40
南开大学	36	41
中南民族大学	36	42
山西大学	36	43
暨南大学	36	44
电子科技大学	36	45
天津工业大学	34	46
北京化工大学	33	47
外交学院	33	48
北京外国语大学	32	49
华中农业大学	31	50
哈尔滨工程大学	31	51
首都经济贸易大学	30	52
中国青年政治学院	30	53
福州大学	29	54
西北农林科技大学	29	55

续表

学校名称	深造总人数	排名
河北大学	29	56
天津商业大学	29	57
浙江财经大学	29	58
东南大学	27	59
东北财经大学	26	60
西安财经学院	25	61
沈阳师范大学	25	62
中央民族大学	24	63
中国计量学院	24	64
兰州大学	23	65
中国石油大学	23	66
西南交通大学	23	67
中国科学技术大学	23	68
河海大学	22	69
内蒙古大学	22	70
湖南工业大学	22	71
吉林财经大学	21	72
西北民族大学	21	73
广西民族大学	21	74
华东师范大学	20	75
江西理工大学	20	76
南京航空航天大学	19	77
常州大学	18	78
东北大学	18	79

续表

学校名称	深造总人数	排名
河北师范大学	18	80
大连海事大学	18	81
天津大学	17	82
甘肃政法学院	17	83
华南师范大学	17	84
四川师范大学	16	85
石家庄经济学院	16	86
淮北师范大学	16	87
首都师范大学	15	88
西北工业大学	15	89
大连理工大学	15	90
同济大学	13	91
北京邮电大学	12	92
中南林业科技大学	12	93
哈尔滨工业大学	11	94
中国农业大学	11	95
重庆邮电大学	10	96
西南财经大学	10	97
长安大学	9	98
长春理工大学	8	99
太原科技大学	8	100
新疆财经大学	5	101
青海民族大学	3	102
华北电力大学	3	103

续表

学校名称	深造总人数	排名
长春工业大学	2	104
华东交通大学	2	105
北京航空航天大学	2	106
新疆大学	1	107
南京财经大学	–	108
杭州师范大学	–	109
北方工业大学	–	110
贵州大学	–	111
中山大学	–	112
吉首大学	–	113
福建师范大学	–	114
复旦大学	–	115
陕西师范大学	–	116
南京农业大学	–	117
西南科技大学	–	118
中国矿业大学	–	119
广州大学	–	120
山东财经大学	–	121
天津师范大学	–	122
云南大学	–	123
广东外语外贸大学	–	124
新疆师范大学	–	125
上海交通大学	–	126
云南民族大学	–	127

续表

学校名称	深造总人数	排名
烟台大学	–	128
吉林师范大学	–	129
东北林业大学	–	130
南京理工大学	–	131
安徽大学	–	132
苏州大学	–	133
云南财经大学	–	134
贵州师范大学	–	135
延边大学	–	136
河南大学	–	137
扬州大学	–	138
燕山大学	–	139
河南师范大学	–	140
浙江师范大学	–	141
西南民族大学	–	142
西南政法大学	–	143
中国地质大学	–	144
辽宁大学	–	145
山西财经大学	–	146
黑龙江大学	–	147
浙江工业大学	–	148
西安交通大学	–	149
上海财经大学	–	150
华侨大学	–	151

续表

学校名称	深造总人数	排名
华东理工大学	–	152
西北师范大学	–	153
宁夏大学	–	154
海南大学	–	155
东北师范大学	–	156
北京理工大学	–	157
深圳大学	–	158
华中师范大学	–	159
西北大学	–	160
西南大学	–	161
郑州大学	–	162
天津财经大学	–	163
辽宁师范大学	–	164
上海师范大学	–	165
广西大学	–	166
贵州民族大学	–	167
湖北大学	–	168
昆明理工大学	–	169
哈尔滨商业大学	–	170
武汉大学	–	171
西安建筑科技大学	–	172
中国民航大学	–	173
南昌大学	–	174
上海对外经贸大学	–	175

续表

学校名称	深造总人数	排名
江西师范大学	–	176
浙江农林大学	–	177
沈阳工业大学	–	178
南京师范大学	–	179
南京工业大学	–	180
山东科技大学	–	181
青岛大学	–	182
山东政法学院	–	183
广东财经大学	–	184
中华女子学院	–	185
中国科学院大学	–	186
中南大学	–	187
中国社会科学院大学	–	188
上海大学	–	189
南京审计大学	–	190
中国刑事警察学院	–	191
中国人民公安大学	–	192
上海社会科学院	–	193
兰州财经大学	–	194
西安政治学院	–	195
中共中央党校	–	196
中国人民武装警察部队学院	–	197
四川省社会科学院	–	198
南京政治学院	–	199

续表

学校名称	深造总人数	排名
海军大连舰艇学院	–	200
中央司法警察学院	–	201
塔里木大学	–	202
国防大学	–	203

十一、就业与发展-就业率

一级指标：就业与发展。

二级指标：就业率。

指标说明：就业率=当年法律毕业生一次性就业总人数/当年应毕业总人数×100%。

就业率与学校排名呈正相关趋势。就业率越高，则学生就业与发展水平越高，学校排名越高。

学校名称	就业率	排名
北京师范大学	100.00%	1
华南理工大学	100.00%	2
北京交通大学	100.00%	3
西南交通大学	100.00%	4
南京航空航天大学	100.00%	5
华南师范大学	100.00%	6
首都师范大学	100.00%	7
同济大学	100.00%	8
北京邮电大学	100.00%	9
广东外语外贸大学	100.00%	10

续表

学校名称	就业率	排名
上海交通大学	100. 00%	11
安徽大学	100. 00%	12
扬州大学	100. 00%	13
中国地质大学	100. 00%	14
浙江工业大学	100. 00%	15
西安交通大学	100. 00%	16
华侨大学	100. 00%	17
浙江农林大学	100. 00%	18
上海大学	100. 00%	19
湖南大学	99. 52%	20
浙江财经大学	99. 29%	21
北京化工大学	99. 22%	22
天津财经大学	99. 17%	23
清华大学	99. 00%	24
上海海事大学	98. 81%	25
沈阳师范大学	98. 74%	26
常州大学	98. 72%	27
中华女子学院	98. 63%	28
中国政法大学	98. 41%	29
湖南师范大学	98. 35%	30
中央财经大学	98. 26%	31
中央民族大学	98. 08%	32
中南大学	98. 08%	33
天津大学	97. 91%	34

续表

学校名称	就业率	排名
辽宁师范大学	97.74%	35
黑龙江大学	97.73%	36
复旦大学	97.47%	37
暨南大学	97.44%	38
上海政法学院	97.34%	39
南京大学	97.03%	40
上海师范大学	97.01%	41
中国人民公安大学	97.00%	42
电子科技大学	96.88%	43
南京农业大学	96.88%	44
大连海事大学	96.74%	45
宁波大学	96.69%	46
广西民族大学	96.67%	47
对外经济贸易大学	96.63%	48
首都经济贸易大学	96.59%	49
中国民航大学	96.53%	50
云南大学	96.43%	51
北方工业大学	96.40%	52
辽宁大学	96.25%	53
山东师范大学	96.23%	54
广州大学	96.22%	55
浙江大学	96.18%	56
北京工商大学	96.15%	57
西北工业大学	96.00%	58

续表

学校名称	就业率	排名
东北大学	95.90%	59
四川师范大学	95.76%	60
南京审计大学	95.68%	61
河北师范大学	95.59%	62
东北林业大学	95.57%	63
河海大学	95.52%	64
华东政法大学	95.49%	65
北京理工大学	95.38%	66
贵州民族大学	95.30%	67
西北农林科技大学	95.00%	68
东南大学	95.00%	69
河北大学	94.87%	70
中国农业大学	94.59%	71
长安大学	94.59%	72
北京大学	94.41%	73
中国计量学院	94.14%	74
陕西师范大学	94.12%	75
烟台大学	93.95%	76
西北师范大学	93.85%	77
青岛大学	93.75%	78
西南财经大学	93.69%	79
北京航空航天大学	93.59%	80
哈尔滨工业大学	93.33%	81
西南民族大学	93.33%	82

续表

学校名称	就业率	排名
湖北大学	93.33%	83
华中农业大学	93.04%	84
河南财经政法大学	93.02%	85
湘潭大学	93.00%	86
浙江工商大学	93.00%	87
华中科技大学	92.96%	88
天津工业大学	92.92%	89
广西师范大学	92.86%	90
外交学院	92.86%	91
北京科技大学	92.54%	92
河南师范大学	92.45%	93
江南大学	92.38%	94
重庆邮电大学	92.36%	95
南京师范大学	91.76%	96
兰州财经大学	91.75%	97
杭州师范大学	91.67%	98
沈阳工业大学	91.67%	99
吉首大学	91.59%	100
西安财经学院	91.46%	101
西南科技大学	91.40%	102
厦门大学	91.30%	103
河南大学	91.24%	104
中国科学技术大学	91.20%	105
青海民族大学	91.00%	106

续表

学校名称	就业率	排名
南京理工大学	90.91%	107
浙江师范大学	90.90%	108
西南政法大学	90.72%	109
哈尔滨工程大学	90.63%	110
吉林大学	90.48%	111
中国人民大学	90.40%	112
华东交通大学	90.38%	113
云南财经大学	90.20%	114
中南财经政法大学	90.00%	115
北京林业大学	90.00%	116
天津师范大学	89.70%	117
大连理工大学	89.47%	118
江西师范大学	89.25%	119
吉林财经大学	89.20%	120
山西财经大学	88.95%	121
广东财经大学	88.86%	122
山东科技大学	88.57%	123
河北经贸大学	88.53%	124
北京外国语大学	88.24%	125
天津商业大学	88.21%	126
湖南工业大学	88.07%	127
中国青年政治学院	88.03%	128
深圳大学	87.95%	129
华东理工大学	87.93%	130

续表

学校名称	就业率	排名
武汉理工大学	87.70%	131
中国石油大学	87.30%	132
燕山大学	87.23%	133
华东师范大学	87.05%	134
西北政法大学	86.57%	135
中国海洋大学	86.18%	136
南京工业大学	84.62%	137
江西财经大学	84.47%	138
安徽师范大学	84.32%	139
中南民族大学	83.84%	140
南京财经大学	83.48%	141
上海对外经贸大学	83.00%	142
南开大学	82.61%	143
华中师范大学	82.61%	144
四川大学	82.27%	145
哈尔滨商业大学	81.82%	146
海南大学	81.61%	147
中山大学	80.77%	148
内蒙古大学	80.60%	149
长春理工大学	79.71%	150
中南林业科技大学	79.54%	151
郑州大学	79.47%	152
西安建筑科技大学	78.69%	153
中国矿业大学	78.38%	154

续表

学校名称	就业率	排名
贵州大学	77.78%	155
上海财经大学	77.48%	156
西北民族大学	77.14%	157
苏州大学	77.11%	158
兰州大学	75.00%	159
华北电力大学	75.00%	160
重庆大学	74.36%	161
太原科技大学	73.85%	162
安徽财经大学	73.79%	163
新疆财经大学	73.12%	164
江西理工大学	72.41%	165
淮北师范大学	72.28%	166
长春工业大学	72.09%	167
山东大学	71.88%	168
东北师范大学	70.83%	169
西南大学	70.37%	170
福州大学	70.00%	171
宁夏大学	69.05%	172
延边大学	67.33%	173
武汉大学	67.28%	174
广西大学	56.90%	175
山西大学	-	176
东北财经大学	-	177
甘肃政法学院	-	178

续表

学校名称	就业率	排名
石家庄经济学院	–	179
福建师范大学	–	180
山东财经大学	–	181
新疆师范大学	–	182
云南民族大学	–	183
吉林师范大学	–	184
贵州师范大学	–	185
新疆大学	–	186
西北大学	–	187
昆明理工大学	–	188
南昌大学	–	189
山东政法学院	–	190
中国科学院大学	–	191
中国社会科学院大学	–	192
中国刑事警察学院	–	193
上海社会科学院	–	194
西安政治学院	–	195
中共中央党校	–	196
中国人民武装警察部队学院	–	197
四川省社会科学院	–	198
南京政治学院	–	199
海军大连舰艇学院	–	200
中央司法警察学院	–	201
塔里木大学	–	202

续表

学校名称	就业率	排名
国防大学	-	203

十二、科学研究-C 刊论文总数

一级指标：科学研究。

二级指标：C 刊论文总数。

指标说明：C 刊论文总数为 2014~2018 年发表中文社会科学引文 CSSCI 期刊论文总数（以南京大学中国社会科学研究评价中心 C 刊为标准）。

C 刊论文总数与学校排名呈正相关趋势。C 刊论文总数越高，则学校教师学术科研水平越高，学校科研能力越强，故排名越高。

学校名称	2014~2018 年 C 刊论文总数	排名
中国政法大学	1160	1
中国人民大学	1021	2
华东政法大学	857	3
武汉大学	745	4
西南政法大学	710	5
北京大学	669	6
中南财经政法大学	636	7
吉林大学	579	8
清华大学	511	9
山东大学	459	10
北京师范大学	406	11
北京航空航天大学	405	12

续表

学校名称	2014~2018 年 C 刊论文总数	排名
南京大学	381	13
上海交通大学	354	14
浙江大学	338	15
重庆大学	290	16
厦门大学	269	17
南京师范大学	243	18
四川大学	241	19
苏州大学	225	20
东南大学	219	21
对外经济贸易大学	215	22
中南大学	210	23
西北政法大学	185	24
中山大学	178	25
上海政法学院	164	26
华南理工大学	158	27
中央财经大学	158	28
南开大学	156	29
大连海事大学	143	30
上海财经大学	139	31
湘潭大学	136	32
湖南大学	135	33
复旦大学	133	34
郑州大学	114	35
华中科技大学	110	36

续表

学校名称	2014~2018年C刊论文总数	排名
同济大学	108	37
中国海洋大学	107	38
西安交通大学	105	39
湖南师范大学	105	40
海南大学	105	41
河南财经政法大学	103	42
中央民族大学	100	43
华中师范大学	100	44
广东外语外贸大学	97	45
江西财经大学	95	46
安徽大学	93	47
河海大学	92	48
暨南大学	90	49
黑龙江大学	86	50
华东师范大学	81	51
云南大学	75	52
南昌大学	74	53
首都经济贸易大学	71	54
辽宁大学	70	55
上海社会科学院	70	56
烟台大学	68	57
中南民族大学	67	58
上海大学	65	59
中国人民公安大学	65	60

续表

学校名称	2014~2018 年 C 刊论文总数	排名
中国青年政治学院	64	61
西南财经大学	63	62
河南大学	63	63
北京理工大学	61	64
浙江工商大学	61	65
广州大学	59	66
安徽财经大学	59	67
山东政法学院	57	68
中共中央党校	57	69
上海师范大学	56	70
扬州大学	55	71
天津大学	53	72
兰州大学	53	73
福州大学	53	74
浙江财经大学	51	75
福建师范大学	49	76
上海对外经贸大学	48	77
东北师范大学	48	78
北京交通大学	47	79
河北大学	47	80
天津财经大学	46	81
深圳大学	46	82
广东财经大学	45	83
华东理工大学	45	84

续表

学校名称	2014~2018 年 C 刊论文总数	排名
西南大学	45	85
广西民族大学	44	86
浙江工业大学	43	87
南京理工大学	41	88
华侨大学	40	89
山西大学	40	90
华南师范大学	39	91
上海海事大学	37	92
北京外国语大学	36	93
电子科技大学	33	94
宁波大学	33	95
北京科技大学	33	96
甘肃政法学院	33	97
西北大学	33	98
首都师范大学	32	99
安徽师范大学	32	100
常州大学	31	101
青岛大学	31	102
沈阳师范大学	30	103
昆明理工大学	30	104
四川省社会科学院	30	105
江南大学	29	106
南京审计大学	28	107
天津商业大学	27	108

续表

学校名称	2014~2018 年 C 刊论文总数	排名
华北电力大学	27	109
北京工商大学	25	110
南京财经大学	25	111
中国地质大学	24	112
南京农业大学	24	113
山东师范大学	24	114
杭州师范大学	24	115
大连理工大学	24	116
南京工业大学	24	117
西南民族大学	22	118
河南师范大学	22	119
北京邮电大学	21	120
湖北大学	21	121
天津师范大学	21	122
贵州大学	21	123
广西大学	21	124
武汉理工大学	20	125
南京航空航天大学	19	126
中国计量学院	19	127
陕西师范大学	19	128
山西财经大学	18	129
浙江农林大学	17	130
北京化工大学	17	131
东北大学	17	132

续表

学校名称	2014~2018 年 C 刊论文总数	排名
中国农业大学	17	133
华中农业大学	17	134
浙江师范大学	17	135
江西师范大学	17	136
吉林财经大学	17	137
中国石油大学	17	138
中国矿业大学	16	139
新疆大学	16	140
哈尔滨工程大学	16	141
广西师范大学	15	142
中南林业科技大学	15	143
西北工业大学	14	144
四川师范大学	14	145
天津工业大学	14	146
西安财经学院	14	147
华东交通大学	14	148
内蒙古大学	14	149
新疆财经大学	14	150
淮北师范大学	14	151
中国社会科学院大学	14	152
辽宁师范大学	13	153
东北林业大学	13	154
东北财经大学	13	155
外交学院	12	156

续表

学校名称	2014~2018 年 C 刊论文总数	排名
山东科技大学	12	157
北方工业大学	11	158
西北师范大学	11	159
北京林业大学	11	160
河北经贸大学	11	161
山东财经大学	11	162
长安大学	10	163
重庆邮电大学	10	164
西南科技大学	10	165
中国民航大学	9	166
西北农林科技大学	9	167
长春理工大学	9	168
江西理工大学	9	169
河北师范大学	8	170
沈阳工业大学	8	171
太原科技大学	8	172
吉林师范大学	8	173
中国科学技术大学	7	174
湖南工业大学	7	175
燕山大学	7	176
中国科学院大学	7	177
西南交通大学	6	178
云南财经大学	6	179
新疆师范大学	6	180

续表

学校名称	2014~2018 年 C 刊论文总数	排名
贵州师范大学	6	181
贵州民族大学	5	182
哈尔滨工业大学	5	183
兰州财经大学	5	184
吉首大学	5	185
宁夏大学	5	186
青海民族大学	4	187
哈尔滨商业大学	4	188
塔里木大学	4	189
中华女子学院	3	190
西北民族大学	3	191
石家庄经济学院	3	192
中国刑事警察学院	3	193
西安政治学院	3	194
西安建筑科技大学	2	195
延边大学	2	196
云南民族大学	2	197
长春工业大学	1	198
中国人民武装警察部队学院	1	199
国防大学	1	200
南京政治学院	0	201
海军大连舰艇学院	0	202
中央司法警察学院	0	203

十三、科学研究-人均C刊数

一级指标：科学研究。

二级指标：人均C刊数。

指标说明：人均C刊数=2014~2018年发表中文社会科学引文CSSCI期刊论文总数（以南京大学中国社会科学研究评价中心C刊为标准）/教师总数。

人均C刊数与学校排名呈正相关趋势。人均C刊数越高，则学校教师学术科研水平越高，学校科研能力越强，故排名越高。

学校名称	教师总数	2014~2018年C刊论文总数	人均C刊数	排名
南京大学	16	381	23.81	1
大连海事大学	15	143	9.53	2
中国人民大学	129	1021	7.91	3
北京大学	86	669	7.78	4
清华大学	67	511	7.63	5
武汉大学	100	745	7.45	6
北京航空航天大学	66	405	6.14	7
吉林大学	96	579	6.03	8
山东大学	81	459	5.67	9
浙江大学	61	338	5.54	10
上海交通大学	67	354	5.28	11
北京师范大学	86	406	4.72	12
华东政法大学	183	857	4.68	13
南京理工大学	9	41	4.56	14
东南大学	51	219	4.29	15

续表

学校名称	教师总数	2014~2018 年 C 刊论文总数	人均 C 刊数	排名
重庆大学	70	290	4.14	16
苏州大学	62	225	3.63	17
中南大学	58	210	3.62	18
四川大学	67	241	3.60	19
南京师范大学	69	243	3.52	20
对外经济贸易大学	64	215	3.36	21
厦门大学	82	269	3.28	22
中山大学	55	178	3.24	23
中南财经政法大学	210	636	3.03	24
西安交通大学	35	105	3.00	25
上海财经大学	48	139	2.90	26
上海政法学院	57	164	2.88	27
华南理工大学	58	158	2.72	28
河海大学	36	92	2.56	29
中央财经大学	63	158	2.51	30
中国政法大学	467	1160	2.48	31
南开大学	63	156	2.48	32
西南政法大学	287	710	2.47	33
华中师范大学	41	100	2.44	34
中国海洋大学	44	107	2.43	35
复旦大学	60	133	2.22	36
中央民族大学	49	100	2.04	37
华中科技大学	56	110	1.96	38

续表

学校名称	教师总数	2014~2018 年 C 刊论文总数	人均 C 刊数	排名
湘潭大学	70	136	1.94	39
陕西师范大学	10	19	1.90	40
南京农业大学	13	24	1.85	41
暨南大学	49	90	1.84	42
同济大学	60	108	1.80	43
首都经济贸易大学	40	71	1.78	44
北京邮电大学	12	21	1.75	45
海南大学	61	105	1.72	46
华东理工大学	27	45	1.67	47
北京科技大学	20	33	1.65	48
上海社会科学院	43	70	1.63	49
广东外语外贸大学	60	97	1.62	50
大连理工大学	15	24	1.60	51
华东师范大学	51	81	1.59	52
江西财经大学	61	95	1.56	53
郑州大学	75	114	1.52	54
南昌大学	50	74	1.48	55
安徽大学	63	93	1.48	56
北京交通大学	32	47	1.47	57
上海大学	45	65	1.44	58
黑龙江大学	60	86	1.43	59
中国青年政治学院	45	64	1.42	60
中国地质大学	18	24	1.33	61

续表

学校名称	教师总数	2014~2018 年 C 刊论文总数	人均 C 刊数	排名
广西民族大学	34	44	1. 29	62
中南民族大学	52	67	1. 29	63
扬州大学	43	55	1. 28	64
天津财经大学	36	46	1. 28	65
辽宁大学	55	70	1. 27	66
北京理工大学	48	61	1. 27	67
兰州大学	42	53	1. 26	68
湖南师范大学	86	105	1. 22	69
湖南大学	111	135	1. 22	70
广州大学	49	59	1. 20	71
江南大学	25	29	1. 16	72
西南财经大学	55	63	1. 15	73
安徽财经大学	52	59	1. 13	74
中国农业大学	15	17	1. 13	75
华北电力大学	24	27	1. 13	76
烟台大学	62	68	1. 10	77
中国矿业大学	15	16	1. 07	78
福州大学	50	53	1. 06	79
南京航空航天大学	18	19	1. 06	80
河南财经政法大学	100	103	1. 03	81
北京外国语大学	35	36	1. 03	82
中国人民公安大学	64	65	1. 02	83
天津大学	53	53	1. 00	84

续表

学校名称	教师总数	2014~2018 年 C 刊论文总数	人均 C 刊数	排名
华南师范大学	40	39	0.98	85
河南大学	65	63	0.97	86
中国石油大学	18	17	0.94	87
福建师范大学	52	49	0.94	88
云南大学	81	75	0.93	89
浙江财经大学	56	51	0.91	90
上海对外经贸大学	53	48	0.91	91
华中农业大学	19	17	0.89	92
山西大学	46	40	0.87	93
中国计量学院	22	19	0.86	94
华侨大学	47	40	0.85	95
浙江师范大学	20	17	0.85	96
上海师范大学	69	56	0.81	97
西南大学	56	45	0.80	98
北京林业大学	14	11	0.79	99
华东交通大学	18	14	0.78	100
常州大学	40	31	0.78	101
西北大学	43	33	0.77	102
哈尔滨工程大学	21	16	0.76	103
东北师范大学	64	48	0.75	104
浙江农林大学	23	17	0.74	105
浙江工商大学	83	61	0.73	106
西北政法大学	253	185	0.73	107

续表

学校名称	教师总数	2014~2018 年 C 刊论文总数	人均 C 刊数	排名
湖北大学	30	21	0. 70	108
长安大学	15	10	0. 67	109
吉林师范大学	12	8	0. 67	110
浙江工业大学	65	43	0. 66	111
深圳大学	70	46	0. 66	112
上海海事大学	57	37	0. 65	113
重庆邮电大学	16	10	0. 63	114
杭州师范大学	39	24	0. 62	115
中南林业科技大学	25	15	0. 60	116
山东师范大学	41	24	0. 59	117
广东财经大学	77	45	0. 58	118
中国科学院大学	12	7	0. 58	119
青岛大学	54	31	0. 57	120
安徽师范大学	56	32	0. 57	121
天津师范大学	37	21	0. 57	122
沈阳师范大学	53	30	0. 57	123
中国民航大学	16	9	0. 56	124
外交学院	22	12	0. 55	125
南京审计大学	52	28	0. 54	126
江西师范大学	32	17	0. 53	127
吉林财经大学	32	17	0. 53	128
天津商业大学	51	27	0. 53	129
宁波大学	63	33	0. 52	130

续表

学校名称	教师总数	2014~2018 年 C 刊论文总数	人均 C 刊数	排名
南京财经大学	49	25	0. 51	131
河北大学	93	47	0. 51	132
武汉理工大学	40	20	0. 50	133
西北农林科技大学	18	9	0. 50	134
广西大学	43	21	0. 49	135
南京工业大学	50	24	0. 48	136
北方工业大学	24	11	0. 46	137
昆明理工大学	68	30	0. 44	138
西安财经学院	32	14	0. 44	139
辽宁师范大学	30	13	0. 43	140
首都师范大学	74	32	0. 43	141
贵州大学	51	21	0. 41	142
山东科技大学	30	12	0. 40	143
江西理工大学	23	9	0. 39	144
天津工业大学	36	14	0. 39	145
北京工商大学	65	25	0. 38	146
东北财经大学	34	13	0. 38	147
山西财经大学	48	18	0. 38	148
河南师范大学	64	22	0. 34	149
新疆财经大学	41	14	0. 34	150
北京化工大学	50	17	0. 34	151
西南民族大学	65	22	0. 34	152
西北师范大学	34	11	0. 32	153

续表

学校名称	教师总数	2014~2018 年 C 刊论文总数	人均 C 刊数	排名
新疆大学	53	16	0. 30	154
山东政法学院	190	57	0. 30	155
新疆师范大学	20	6	0. 30	156
燕山大学	24	7	0. 29	157
四川师范大学	49	14	0. 29	158
内蒙古大学	49	14	0. 29	159
东北大学	61	17	0. 28	160
湖南工业大学	27	7	0. 26	161
长春理工大学	39	9	0. 23	162
太原科技大学	35	8	0. 23	163
吉首大学	23	5	0. 22	164
广西师范大学	75	15	0. 20	165
沈阳工业大学	40	8	0. 20	166
哈尔滨工业大学	26	5	0. 19	167
河北经贸大学	60	11	0. 18	168
淮北师范大学	80	14	0. 18	169
西南科技大学	56	10	0. 18	170
中华女子学院	17	3	0. 18	171
甘肃政法学院	192	33	0. 17	172
中国刑事警察学院	18	3	0. 17	173
西南交通大学	40	6	0. 15	174
山东财经大学	77	11	0. 14	175
贵州师范大学	42	6	0. 14	176

续表

学校名称	教师总数	2014~2018年C刊论文总数	人均C刊数	排名
云南财经大学	43	6	0.14	177
河北师范大学	59	8	0.14	178
哈尔滨商业大学	38	4	0.11	179
青海民族大学	39	4	0.10	180
贵州民族大学	58	5	0.09	181
中国科学技术大学	84	7	0.08	182
兰州财经大学	61	5	0.08	183
西北民族大学	37	3	0.08	184
宁夏大学	73	5	0.07	185
石家庄经济学院	45	3	0.07	186
延边大学	34	2	0.06	187
长春工业大学	18	1	0.06	188
西安建筑科技大学	56	2	0.04	189
电子科技大学	–	33	–	190
四川省社会科学院	–	30	–	191
西北工业大学	–	14	–	192
中国社会科学院大学	–	14	–	193
东北林业大学	–	13	–	194
塔里木大学	–	4	–	195
西安政治学院	–	3	–	196
中共中央党校	–	57	–	197
云南民族大学	–	2	–	198
中国人民武装警察部队学院	–	1	–	199

续表

学校名称	教师总数	2014~2018 年 C 刊论文总数	人均 C 刊数	排名
南京政治学院	-	0	-	200
海军大连舰艇学院	-	0	-	201
中央司法警察学院	-	0	-	202
国防大学	-	1	-	203

十四、科学研究-知网论文总数

一级指标：科学研究。

二级指标：知网论文总数。

指标说明：知网论文总数为 2014~2018 年发表论文总数（以中国知网统计为标准）。

知网论文总数与学校排名呈正相关趋势。知网论文总数越高，则学校教师学术科研水平越高，学校科研能力越强，故排名越高。

学校名称	2014~2018 年知网论文总数	排名
西南政法大学	644	1
中国政法大学	587	2
华东政法大学	524	3
吉林大学	307	4
中国人民大学	306	5
武汉大学	262	6
北京大学	261	7
中南财经政法大学	210	8
山东大学	208	9

续表

学校名称	2014~2018 年知网论文总数	排名
苏州大学	187	10
西北政法大学	174	11
南京师范大学	168	12
清华大学	142	13
南京大学	121	14
浙江大学	113	15
黑龙江大学	102	16
甘肃政法学院	102	17
厦门大学	93	18
上海交通大学	88	19
哈尔滨工业大学	83	20
东南大学	81	21
四川大学	79	22
郑州大学	79	23
湘潭大学	75	24
中南大学	64	25
沈阳师范大学	64	26
安徽大学	62	27
辽宁大学	62	28
北京航空航天大学	61	29
南开大学	59	30
中央民族大学	59	31
兰州大学	58	32
中国人民公安大学	58	33

续表

学校名称	2014~2018 年知网论文总数	排名
广西师范大学	58	34
重庆大学	57	35
中央财经大学	57	36
湖南师范大学	56	37
安徽财经大学	56	38
北京师范大学	55	39
贵州大学	55	40
上海师范大学	54	41
上海政法学院	50	42
华南理工大学	49	43
复旦大学	49	44
扬州大学	49	45
湖南大学	47	46
河北大学	46	47
辽宁师范大学	46	48
西南大学	45	49
海南大学	44	50
广西大学	44	51
华中师范大学	43	52
河南大学	43	53
对外经济贸易大学	42	54
中山大学	42	55
广州大学	42	56
山西大学	42	57

续表

学校名称	2014~2018 年知网论文总数	排名
首都经济贸易大学	41	58
福州大学	41	59
中国海洋大学	40	60
广东外语外贸大学	40	61
贵州民族大学	40	62
大连海事大学	39	63
浙江工商大学	39	64
昆明理工大学	39	65
电子科技大学	38	66
华东师范大学	37	67
中共中央党校	37	68
华中科技大学	36	69
广东财经大学	36	70
西南民族大学	36	71
云南大学	35	72
河北经贸大学	35	73
南昌大学	34	74
烟台大学	34	75
河南财经政法大学	34	76
福建师范大学	33	77
山东政法学院	33	78
贵州师范大学	33	79
延边大学	33	80
暨南大学	31	81

续表

学校名称	2014~2018 年知网论文总数	排名
浙江财经大学	31	82
东北师范大学	30	83
吉林财经大学	30	84
河南师范大学	30	85
东北林业大学	30	86
广西民族大学	29	87
内蒙古大学	29	88
北京理工大学	27	89
西南财经大学	26	90
新疆大学	26	91
长春理工大学	26	92
河北师范大学	26	93
江西财经大学	25	94
同济大学	24	95
上海财经大学	23	96
陕西师范大学	23	97
中国石油大学	23	98
常州大学	23	99
西南科技大学	23	100
中南民族大学	22	101
天津师范大学	22	102
中国青年政治学院	21	103
天津商业大学	21	104
宁波大学	21	105

续表

学校名称	2014~2018 年知网论文总数	排名
北方工业大学	21	106
西安政治学院	21	107
华侨大学	20	108
哈尔滨工程大学	20	109
山西财经大学	20	110
上海大学	18	111
深圳大学	18	112
上海海事大学	18	113
中国民航大学	18	114
西北师范大学	18	115
吉首大学	18	116
上海社会科学院	17	117
浙江农林大学	17	118
山东师范大学	17	119
北京交通大学	16	120
西北大学	16	121
浙江工业大学	16	122
中国地质大学	15	123
淮北师范大学	15	124
河海大学	14	125
华南师范大学	14	126
湖北大学	14	127
安徽师范大学	14	128
南京财经大学	14	129

续表

学校名称	2014~2018 年知网论文总数	排名
首都师范大学	14	130
山东科技大学	14	131
燕山大学	14	132
宁夏大学	14	133
华北电力大学	13	134
北京外国语大学	13	135
长安大学	13	136
江西师范大学	13	137
东北财经大学	13	138
山东财经大学	13	139
沈阳工业大学	13	140
西南交通大学	13	141
云南财经大学	13	142
哈尔滨商业大学	13	143
西北民族大学	13	144
塔里木大学	13	145
南京理工大学	12	146
西安交通大学	12	147
大连理工大学	12	148
中国矿业大学	12	149
外交学院	12	150
天津财经大学	11	151
南京航空航天大学	11	152
华中农业大学	11	153

续表

学校名称	2014~2018 年知网论文总数	排名
青岛大学	11	154
新疆师范大学	11	155
四川省社会科学院	11	156
北京邮电大学	10	157
江南大学	10	158
天津大学	10	159
北京林业大学	10	160
华东交通大学	10	161
中国人民武装警察部队学院	10	162
华东理工大学	9	163
浙江师范大学	9	164
吉林师范大学	9	165
杭州师范大学	9	166
南京工业大学	9	167
湖南工业大学	9	168
青海民族大学	9	169
西北农林科技大学	8	170
江西理工大学	8	171
四川师范大学	8	172
上海对外经贸大学	7	173
重庆邮电大学	7	174
武汉理工大学	7	175
南京农业大学	6	176
北京科技大学	6	177

续表

学校名称	2014~2018 年知网论文总数	排名
天津工业大学	6	178
西北工业大学	6	179
新疆财经大学	6	180
中国刑事警察学院	6	181
长春工业大学	6	182
西安财经学院	5	183
东北大学	5	184
太原科技大学	5	185
云南民族大学	5	186
中南林业科技大学	4	187
北京工商大学	4	188
中华女子学院	4	189
中国科学技术大学	4	190
西安建筑科技大学	4	191
国防大学	4	192
中国计量学院	3	193
北京化工大学	3	194
兰州财经大学	3	195
中国农业大学	2	196
石家庄经济学院	2	197
中国社会科学院大学	2	198
海军大连舰艇学院	2	199
中国科学院大学	1	200
南京政治学院	1	201

续表

学校名称	2014~2018 年知网论文总数	排名
南京审计大学	0	202
中央司法警察学院	0	203

十五、科学研究-人均知网数

一级指标：科学研究。

二级指标：人均知网数。

指标说明：人均知网数=2014~1018 年发表论文总数（以中国知网统计为标准）/教师总数。

人均知网数与学校排名呈正相关趋势。人均知网数越高，则学校教师学术科研水平越高，学校科研能力越强，故排名越高。

学校名称	教师总数	2014~2018 年知网论文总数	人均知网数	排名
南京大学	16	121	7. 56	1
吉林大学	96	307	3. 20	2
哈尔滨工业大学	26	83	3. 19	3
北京大学	86	261	3. 03	4
苏州大学	62	187	3. 02	5
华东政法大学	183	524	2. 86	6
武汉大学	100	262	2. 62	7
大连海事大学	15	39	2. 60	8
山东大学	81	208	2. 57	9
南京师范大学	69	168	2. 43	10
中国人民大学	129	306	2. 37	11

续表

学校名称	教师总数	2014~2018年知网论文总数	人均知网数	排名
陕西师范大学	10	23	2.30	12
西南政法大学	287	644	2.24	13
清华大学	67	142	2.12	14
浙江大学	61	113	1.85	15
黑龙江大学	60	102	1.70	16
东南大学	51	81	1.59	17
辽宁师范大学	30	46	1.53	18
兰州大学	42	58	1.38	19
南京理工大学	9	12	1.33	20
上海交通大学	67	88	1.31	21
中国石油大学	18	23	1.28	22
中国政法大学	467	587	1.26	23
沈阳师范大学	53	64	1.21	24
中央民族大学	49	59	1.20	25
四川大学	67	79	1.18	26
扬州大学	43	49	1.14	27
厦门大学	82	93	1.13	28
辽宁大学	55	62	1.13	29
中国民航大学	16	18	1.13	30
中南大学	58	64	1.10	31
贵州大学	51	55	1.08	32
安徽财经大学	52	56	1.08	33
湘潭大学	70	75	1.07	34

续表

学校名称	教师总数	2014~2018 年知网论文总数	人均知网数	排名
郑州大学	75	79	1.05	35
华中师范大学	41	43	1.05	36
首都经济贸易大学	40	41	1.03	37
广西大学	43	44	1.02	38
中南财经政法大学	210	210	1.00	39
安徽大学	63	62	0.98	40
延边大学	34	33	0.97	41
哈尔滨工程大学	21	20	0.95	42
吉林财经大学	32	30	0.94	43
南开大学	63	59	0.94	44
北京航空航天大学	66	61	0.92	45
山西大学	46	42	0.91	46
中国海洋大学	44	40	0.91	47
中国人民公安大学	64	58	0.91	48
中央财经大学	63	57	0.90	49
上海政法学院	57	50	0.88	50
北方工业大学	24	21	0.88	51
长安大学	15	13	0.87	52
广州大学	49	42	0.86	53
广西民族大学	34	29	0.85	54
华南理工大学	58	49	0.84	55
北京邮电大学	12	10	0.83	56
中国地质大学	18	15	0.83	57

续表

学校名称	教师总数	2014~2018 年知网论文总数	人均知网数	排名
福州大学	50	41	0.82	58
复旦大学	60	49	0.82	59
重庆大学	70	57	0.81	60
西南大学	56	45	0.80	61
大连理工大学	15	12	0.80	62
中国矿业大学	15	12	0.80	63
贵州师范大学	42	33	0.79	64
上海师范大学	69	54	0.78	65
吉首大学	23	18	0.78	66
广西师范大学	75	58	0.77	67
中山大学	55	42	0.76	68
吉林师范大学	12	9	0.75	69
浙江农林大学	23	17	0.74	70
华东师范大学	51	37	0.73	71
海南大学	61	44	0.72	72
北京林业大学	14	10	0.71	73
贵州民族大学	58	40	0.69	74
西北政法大学	253	174	0.69	75
南昌大学	50	34	0.68	76
长春理工大学	39	26	0.67	77
广东外语外贸大学	60	40	0.67	78
河南大学	65	43	0.66	79
对外经济贸易大学	64	42	0.66	80

续表

学校名称	教师总数	2014~2018 年知网论文总数	人均知网数	排名
湖南师范大学	86	56	0.65	81
华中科技大学	56	36	0.64	82
北京师范大学	86	55	0.64	83
福建师范大学	52	33	0.63	84
暨南大学	49	31	0.63	85
南京航空航天大学	18	11	0.61	86
天津师范大学	37	22	0.59	87
内蒙古大学	49	29	0.59	88
河北经贸大学	60	35	0.58	89
燕山大学	24	14	0.58	90
华中农业大学	19	11	0.58	91
常州大学	40	23	0.58	92
昆明理工大学	68	39	0.57	93
北京理工大学	48	27	0.56	94
华东交通大学	18	10	0.56	95
西南民族大学	65	36	0.55	96
浙江财经大学	56	31	0.55	97
新疆师范大学	20	11	0.55	98
烟台大学	62	34	0.55	99
外交学院	22	12	0.55	100
华北电力大学	24	13	0.54	101
甘肃政法学院	192	102	0.53	102
西北师范大学	34	18	0.53	103

续表

学校名称	教师总数	2014~2018年知网论文总数	人均知网数	排名
北京交通大学	32	16	0.50	104
河北大学	93	46	0.49	105
新疆大学	53	26	0.49	106
上海财经大学	48	23	0.48	107
西南财经大学	55	26	0.47	108
浙江工商大学	83	39	0.47	109
东北师范大学	64	30	0.47	110
河南师范大学	64	30	0.47	111
广东财经大学	77	36	0.47	112
山东科技大学	30	14	0.47	113
湖北大学	30	14	0.47	114
中国青年政治学院	45	21	0.47	115
南京农业大学	13	6	0.46	116
浙江师范大学	20	9	0.45	117
西北农林科技大学	18	8	0.44	118
河北师范大学	59	26	0.44	119
重庆邮电大学	16	7	0.44	120
云南大学	81	35	0.43	121
华侨大学	47	20	0.43	122
湖南大学	111	47	0.42	123
中南民族大学	52	22	0.42	124
山西财经大学	48	20	0.42	125
山东师范大学	41	17	0.41	126

续表

学校名称	教师总数	2014~2018年知网论文总数	人均知网数	排名
天津商业大学	51	21	0.41	127
西南科技大学	56	23	0.41	128
江西财经大学	61	25	0.41	129
江西师范大学	32	13	0.41	130
同济大学	60	24	0.40	131
上海大学	45	18	0.40	132
江南大学	25	10	0.40	133
上海社会科学院	43	17	0.40	134
河海大学	36	14	0.39	135
东北财经大学	34	13	0.38	136
西北大学	43	16	0.37	137
北京外国语大学	35	13	0.37	138
西北民族大学	37	13	0.35	139
华南师范大学	40	14	0.35	140
江西理工大学	23	8	0.35	141
西安交通大学	35	12	0.34	142
哈尔滨商业大学	38	13	0.34	143
河南财经政法大学	100	34	0.34	144
中国刑事警察学院	18	6	0.33	145
华东理工大学	27	9	0.33	146
湖南工业大学	27	9	0.33	147
宁波大学	63	21	0.33	148
长春工业大学	18	6	0.33	149

续表

学校名称	教师总数	2014~2018 年知网论文总数	人均知网数	排名
沈阳工业大学	40	13	0. 33	150
西南交通大学	40	13	0. 33	151
上海海事大学	57	18	0. 32	152
天津财经大学	36	11	0. 31	153
云南财经大学	43	13	0. 30	154
北京科技大学	20	6	0. 30	155
南京财经大学	49	14	0. 29	156
深圳大学	70	18	0. 26	157
安徽师范大学	56	14	0. 25	158
浙江工业大学	65	16	0. 25	159
中华女子学院	17	4	0. 24	160
杭州师范大学	39	9	0. 23	161
青海民族大学	39	9	0. 23	162
青岛大学	54	11	0. 20	163
宁夏大学	73	14	0. 19	164
首都师范大学	74	14	0. 19	165
天津大学	53	10	0. 19	166
淮北师范大学	80	15	0. 19	167
南京工业大学	50	9	0. 18	168
武汉理工大学	40	7	0. 18	169
山东政法学院	190	33	0. 17	170
山东财经大学	77	13	0. 17	171
天津工业大学	36	6	0. 17	172

续表

学校名称	教师总数	2014~2018 年知网论文总数	人均知网数	排名
四川师范大学	49	8	0.16	173
中南林业科技大学	25	4	0.16	174
西安财经学院	32	5	0.16	175
新疆财经大学	41	6	0.15	176
太原科技大学	35	5	0.14	177
中国计量学院	22	3	0.14	178
中国农业大学	15	2	0.13	179
上海对外经贸大学	53	7	0.13	180
中国科学院大学	12	1	0.08	181
东北大学	61	5	0.08	182
西安建筑科技大学	56	4	0.07	183
北京工商大学	65	4	0.06	184
北京化工大学	50	3	0.06	185
兰州财经大学	61	3	0.05	186
中国科学技术大学	84	4	0.05	187
石家庄经济学院	45	2	0.04	188
中国社会科学院大学	-	2	-	189
西安政治学院	-	21	-	190
中共中央党校	-	37	-	191
东北林业大学	-	30	-	192
云南民族大学	-	5	-	193
西北工业大学	-	6	-	194
中国人民武装警察部队学院	-	10	-	195

续表

学校名称	教师总数	2014~2018 年知网论文总数	人均知网数	排名
四川省社会科学院	–	11	–	196
电子科技大学	–	38	–	197
南京政治学院	–	1	–	198
海军大连舰艇学院	–	2	–	199
中央司法警察学院	–	0	–	200
南京审计大学	52	0	0	201
塔里木大学	–	13	–	202
国防大学	–	4	–	203

第三编
名校概览

一、中国政法大学

中国政法大学（China University of Political Science and Law），诞生于1952年，位于北京市，是中华人民共和国教育部直属的一所以法学为特色和优势，文学、史学、哲学、经济学、管理学、教育学等多学科协调发展的全国重点大学。系国家“211工程”“985工程优势学科创新平台”项目重点建设，国家首批“双一流”世界一流学科建设高校，被列入首批“2011计划”“111计划”“卓越法律人才教育培养计划”，被誉为“政法人才的摇篮”。

其前身是院系调整时期由北京大学法律系、政治学系，清华大学政治学系，燕京大学法律系、政治学系和辅仁大学社会学系等系科合并组建的北京政法学院。1960年被国务院确立为全国重点高校。1965年，由最高人民法院直接领导。“文化大革命”期间因故被撤销。1979年复办并面向全国恢复招生。1983年，在中央的直接推动下，更名为“中国政法大学”。

学校坚持以学生为中心的设置，坚持课程改革与学科创新、课堂教学与导师辅导、学术研究与实践培养相结合，将学校的中心放置于人才培养环节，加之以科研、就业为辅助的人才培养模式，意在为我国法学领域培养“德法兼修”的法科人才。

在本次评估之中，通过从官方网站和官方发布的报告获取、收集数据，并对中国政法大学进行指标评估体系相关分数的计算，得到结果如下表所示。

生师比	12.03	生师比分数	79.86
专任教师数	467.00	专任教师数分数	100.00
高级职称比	0.87	高级职称比分数	90.07
课程开设数	156.00	课程开设数分数	100.00
分师比	0.35	分师比分数	50.00
课师比	0.33	课师比分数	94.92
课程结构	0.12	课程结构分数	71.33
稳定度	1.11	稳定度分数	78.15
课生比	0.03	课生比分数	55.92
人均 C 刊数	2.48	人均 C 刊数分数	84.76
人均知网数	1.26	人均知网数分数	87.76
就业率	98.41%	就业率分数	98.41
深造总人数	627.00	深造总人数分数	100.00
2014~2018 年知网论文总数	587	2014~2018 年知网论文总数分数	98.98
2014~2018 年C 刊论文总数	1160	2014~2018 年C 刊论文总数分数	100.00
	最终得分	排名	
	99.72	1	

首先，中国政法大学的优势主要在于师源（根据“专任教师分数”显示）和培养学生的质量（根据“就业率分数”和“深造总人数分数”显示）。中国政法大学的专任教师数量为各大高校最多，高级职称比也达到了 0.87，教学质量在专任教师数量与质量的保障下能够得到提升。第二，从我国法学教育相关院校课程结构的大体情况来看，各大高校的

课程体系设置情况普遍分数较低，中国政法大学处于偏上水平。第三，从中国政法大学的毕业生趋向来看，就业率高达 98.41%，外出深造的学生人数也处于各大高校之上。第四，从学术结果方面来说，经单独查询，中国政法大学历年知网发表的论文数达 8000 篇以上，为我国的法律事业做出了巨大的学术贡献，中国政法大学也成为“中国法学人才智库”。

中国政法大学作为中国法学教育的最高学府，学校现有法学院、民商经济法学院、国际法学院、刑事司法学院、政治与公共管理学院、商学院、人文学院、外国语学院、马克思主义学院、社会学院、光明新闻传播学院、中欧法学院、法律硕士学院、国际儒学院、国际教育学院/港澳台教育中心、继续教育学院/网络教育学院、科学技术教学部、体育教学部共 18 个教学单位；设有诉讼法学研究院（教育部人文社会科学重点研究基地）、法律史学研究院（教育部人文社会科学重点研究基地）、证据科学研究院（教育部重点实验室）、法治政府研究院（北京市哲学社会科学研究基地、教育部青少年法制教育研究基地）、人权研究院（国家人权教育与培训基地）、比较法学研究院、法律古籍整理研究所、法学教育研究与评估中心/高等教育研究所、法与经济学研究院、全球化与全球问题研究所、公司法与投资保护研究所等 11 个在编科研机构；设有资本金融研究院、仲裁研究院、互联网金融法律研究院、绿色发展战略研究院、制度学研究院 5 个新型研究机构；设有司法文明协同创新中心、国家领土主权与海洋权益协同创新中心、马克思主义与全面依法治国协同创新中心、全球治理与国际法治协同创新中心、知识经济与法治发展协同创新中心、人权建设协同创新中心、法治政府协同创新中心 7 个协同创新中心。由此可见，中国政法大学法学教育资源丰富，教育体系较为健全，能够给予广大学生知识创造与再造的广大空间，也为中国法学教育的发展方向提供了最佳示范。

二、中国人民大学

中国人民大学（Renmin University of China），简称“人大”，位列“双一流”“211 工程”“985 工程”，入选“111 计划”“2011 计划”“卓越法律人才教育培养计划”“卓越农林人才教育培养计划”“海外高层次人才引进计划”“中国政府奖学金来华留学生接收院校”，为世界大学联盟成员、亚太国际教育协会创始成员，是一所以人文社会科学为主的综合性研究型全国重点大学。

中国人民大学前身是1937年成立的陕北公学，以及后来的华北联合大学和华北大学。1950年10月3日，以华北大学为基础合并组建的中国人民大学正式开学。中国人民大学法律系成立于1950年，是新中国诞生后创立的第一所正规的高等法学教育机构，被誉为中国法学教育的“工作母机”和“法学家的摇篮”，成为引领法学教育的重镇、凝聚国内优秀法律人才的平台和沟通中外法学交流的窗口。

学校坚持采取“宽口径、厚基础、多选择、重创新、国际性”的人才培养模式，课程结构设置丰富合理，兼顾通识教育与专业教育，注重培养学生创新意识，促进国际学术交流。60多年来，人大法学院为社会主义法制建设培养了大批优秀的法律人才，并为法学事业的振兴和繁荣做出了重大贡献。

在本次评估之中，通过从官方网站和官方发布的报告获取、收集数据，并对中国人民大学进行指标评估体系相关分数的计算，得到结果如下表所示。

生师比	11.33	生师比分数	81.17
专任教师数	129.00	专任教师数分数	91.21
高级职称比	0.88	高级职称比分数	90.14
课程开设数	79.00	课程开设数分数	90.00
分师比	1.22	分师比分数	55.67
课师比	0.61	课师比分数	88.84
课程结构	0.08	课程结构分数	62.78
稳定度	0.99	稳定度分数	96.34
课生比	0.05	课生比分数	67.02
人均C刊数	7.91	人均C刊数分数	92.14
人均知网数	2.37	人均知网数分数	91.61
就业率	90.40%	就业率分数	90.40

续表

深造总人数	75	深造总人数分数	86.42
2014~2018 年知网论文总数	306	2014~2018 年知网论文总数分数	93.98
2014~2018 年C 刊论文总数	1021	2014~2018 年C 刊论文总数分数	98.51
	最终得分	排名	
	98.96	2	

首先，中国人民大学法学院的“高级职称比分数”为 0.88，足见其专任教师质量之高，这就为教育发展与科研进步提供了可靠的保障。第二，从长期发展来看，人大法学院的“稳定度分数”较高，拥有较为稳定的综合实力。第三，从学术成就来看，人大法学院的人均 C 刊数达到 7.91，在学术研究方面具有明显的成果累积优势。

中国人民大学现有 26 个教学单位（23 个学院、3 个研究院）、25 个跨学院研究机构，另设有体育部、继续教育学院、培训学院、苏州校区、深圳研究院等。学校设有学士学位 81 个，硕士学位学科点 186 个（其中自主专业 35 个、交叉学科 9 个、专业学位 22 个），博士学位学科点 125 个（其中自主专业 32 个、交叉学科 7 个）。学校拥有硕士学位一级学科授权点 35 个，博士学位一级学科授权点 20 个，博士后流动站 19 个。

学校拥有 8 个国家重点一级学科，8 个国家重点二级学科，在人文社会科学领域均居全国第一；拥有 5 个北京市重点一级学科，1 个北京市重点交叉学科，4 个北京市重点二级学科；拥有 13 个教育部普通高等学校人文社会科学重点研究基地；拥有 5 个国家基础学科人才培养和科学研究基地、1 个大学生文化素质教育基地；拥有 2 个教育部工程研究中心、重点实验室；拥有 4 个国家级实验教学示范中心，2 个北京市重点实验室，3 个北京市哲学社会科学研究基地。

由此可见，中国人民大学的法学综合实力突出，人才培养体系完整健全，为广大法科学子提供了一个良好的高等教育平台，也为中国法学教育的发展方向提供了参考的范本。

三、北京大学

北京大学（Peking University），简称“北大”，是中国近代第一所国立大学，其成立标志着中国近代高等教育的开端。北大开创了中国最早的文科、理科、社科、农科、医科等大学学科，是近代以来中国高等教育的奠基者。北大由教育部直属，中央直管副部级建制，是“国家双一流”“211 工程”“985 工程”“2011 计划”重点建设的全国重点大学；是九校联盟（C9）及中国大学校长联谊会、亚洲大学联盟、东亚研究型大学协会、国际研究型大学联盟、环太平洋大学联盟、东亚四大学论坛、国际公立大学论坛、中俄综合性大学联盟重要成员。

北京大学法学院成立于 1999 年 6 月 26 日，其前身为北京大学法律学系。北京大学法律学科发轫于 1904 年，在中国现代法学教育中历史最为悠久。自改革开放以来，北京大学法学院取得了飞速发展，在人才培养、科学研究、学科建设、推进国家法治建设等方面，始终走在全国法学院校的前列。

北京大学始终本着“加强基础、淡化专业、因材施教、分流培养”的办学方针，注重培养“厚基础、宽口径”的新型法律人才，在教学和科学研究、人才培养等各方面取得了突出的成绩，为创建世界一流法学院打下了坚实的基础。

在本次评估之中，通过从官方网站和官方发布的报告获取、收集数据，并对北京大学进行指标评估体系相关分数的计算，得到结果如下表所示。

生师比	14.92	生师比分数	76.77
专任教师数	86.00	专任教师数分数	90.09
高级职称比	0.79	高级职称比分数	85.06
课程开设数	72.00	课程开设数分数	86.11
分师比	1.64	分师比分数	58.43
课师比	0.84	课师比分数	80.81

续表

课程结构	0.04	课程结构分数	50.00
稳定度	1.08	稳定度分数	80.00
课生比	0.06	课生比分数	70.00
人均C刊数	7.78	人均C刊数分数	92.07
人均知网数	3.03	人均知网数分数	92.68
就业率	94.41%	就业率分数	94.41
深造总人数	95	深造总人数分数	90.02
2014~2018年知网论文总数	261	2014~2018年知网论文总数分数	93.17
2014~2018年C刊论文总数	669	2014~2018年C刊论文总数分数	94.75
	最终得分	排名	
	98.54	3	

首先，北京大学法学院在师资力量方面具有显著优势，高级职称比达到了0.79，高质量的师资队伍为法学教育和学术科研工作的开展奠定了坚实的基础。第二，从学术成果来看，北大法学院的人均C刊数达到7.78、2014~2018年C刊论文总数量达到669篇，学术成就显著，科研贡献巨大。第三，从毕业生的就业趋向来看，继续深造总人数远高于一般法学院，高端专业型人才成为主要的输出对象。

北京大学法学院拥有刑法学、经济法学、法理学、宪法学与行政法学4个国家重点学科，同时，北京大学作为拥有国家法学一级重点学科的三所院校之一，法学院在国际法学、民商法学、诉讼法学、知识产权法学等所有学科都有很强的教学和科研实力。北京大学法学院还设有经济法研究所、国际法研究所、国际经济法研究所、劳动法与社会保障法研究所、刑事法理论研究所、世界贸易组织法律研究中心、公法研究中心、税法研究中心、金融法研究中心、人权研究中心、法制信息中心等20多个研究机构。这些研究机构每年组织许多专业的学术活动，并为研究生提供许多学术交流和研讨的机会，对法学院整体学术氛围的营造起到良好的作用。由此可见，作为我国高等教育的最高学府，北京大学具备培养优秀法科人才、建设世界一流法学学科的综合实力，能够为中国的法学教育事业提供助力与参考。

四、清华大学

清华大学（Tsinghua University），简称“清华”，由中华人民共和国教育部直属，中央直管副部级建制，位列“211 工程”“985 工程”“世界一流大学和一流学科”，入选“基础学科拔尖学生培养试验计划”“高等学校创新能力提升计划”“高等学校学科创新引智计划”，为九校联盟、中国大学校长联谊会、东亚研究型大学协会、亚洲大学联盟、环太平洋大学联盟、清华—剑桥—MIT 低碳大学联盟成员，被誉为“红色工程师的摇篮”。

清华大学的前身清华学堂始建于 1911 年，1912 年更名为清华学校。1928 年更名为国立清华大学。1929 年，国立清华大学本科设文、理、法三学院，其中法学院包括法律学系、政治学系、经济学系。1932 年，经教育部批准，法学院正式成立法律学系。1937 年南迁长沙，与北京大学、南开大学组建国立长沙临时大学，1938 年迁至昆明改名为国立西南联合大学。1946 年迁回清华园。1949 年中华人民共和国成立，清华大学进入了新的发展阶段。1952 年全国高等学校院系调整后成为多科性工业大学。1978 年以来逐步恢复和发展为综合性的研究型大学。

清华大学法学院高度重视人才培养，强调学术研究与教学并重，理论与实践相结合。法学学科作为清华大学重点建设、优先发展的学科之一，具有较高的学术水平和较强的科研实力，在国内法学学科中名列前茅。

在本次评估之中，通过从官方网站和官方发布的报告获取、收集数据，并对清华大学进行指标评估体系相关分数的计算，得到结果如下表所示。

生师比	8.99	生师比分数	86.02
专任教师数	67.00	专任教师数分数	82.86
高级职称比	0.97	高级职称比分数	90.50
课程开设数	53.00	课程开设数分数	74.67
分师比	2.34	分师比分数	66.18
课师比	0.79	课师比分数	82.46
课程结构	0.08	课程结构分数	61.07
稳定度	1.05	稳定度分数	86.59
课生比	0.09	课生比分数	75.61
人均C刊数	7.63	人均C刊数分数	91.99
人均知网数	2.12	人均知网数分数	91.20
就业率	99.00%	就业率分数	99.00
深造总人数	64	深造总人数分数	84.34
2014~2018年知网论文总数	142	2014~2018年知网论文总数分数	91.05
2014~2018年C刊论文总数	511	2014~2018年C刊论文总数分数	93.06
	最终得分	排名	
	98.26	4	

首先，清华大学法学院的优势在于其较为强大的师资队伍，其生师比高达8.99，能够为学生提供充足的师源。第二，清华大学法学院的课程开设数远高于一般法学院，具有合理而丰富的课程设置，能够为学生提供广泛的学习选择。第三，从就业率来看，清华大学法学院为我国法制建设输送了大量专业人才，就业率高达99.00%。第四，从深造总人数来看，清华大学法学院的“深造总人数分数”达到了84.34，高于一般法学院，足见其在人才培养方面的深度与专业性。

清华大学法学院拥有高质量的本科学士学位教育，并且是一级学科

（法学）博士学位、硕士学位（法学理论、民商法学、国际法学、经济法学、诉讼法学、刑法学、宪法行政法学、环境与资源保护法学）授予单位，面向全国招收本科生、硕士研究生和博士研究生。本科教育，按通才培养理念，只设法学专业。研究生教育，设有法学一级学科所涵盖的除军事法学外的所有专业，并设有法律硕士项目和面向外国留学生的“中国法”硕士项目。由此可见，清华大学法学院具有较为强大的法学学科实力，在众多法学院中脱颖而出，成为中国法学教育和研究的重镇之一和重要的法学教育国际交流中心，能够为我国法学教育事业的发展提供助力。

五、华东政法大学

华东政法大学（East China University of Political Science and Law），简称“华政”，为新中国创办的第一批高等政法院校，入选国家建设高水平大学公派研究生项目和全国首批卓越法律人才教育培养计划，是中国政府奖学金来华留学生接收院校、全国毕业生就业典型经验高校、全国首批法律硕士专业学位授予权单位、五院四系成员、亚洲法律学会创始成员、中日人文交流大学联盟创始成员；是以法学学科为主，兼有经济学、管理学、文学、工学等学科的司法部与上海市共建重点大学，被誉为“法学教育的东方明珠”。

华东政法大学前身是华东政法学院，1952 年 6 月由原圣约翰大学、复旦大学、南京大学、东吴大学、厦门大学、沪江大学、安徽大学、上海学院、震旦大学 9 所院校的法律系、政治系和社会学系在圣约翰大学旧址合并组建成立；学校于 1958 年并入上海社会科学院；1963 年再次筹建，次年招生；1966 年停止招生，1972 年被撤销；1979 年 3 月，经国务院批准，学校第二次复校；2007 年 3 月，经教育部批准，学校更名为华东政法大学。

华东政法大学坚持“开门办学、开放办学、创新办学”的发展理念，深化“教学立校、学术兴校、人才强校”的发展模式，构建“法科一流、多科融合”的发展格局，实施“两基地（高端法律及法学相关学科人才培养基地、法学及相关学科的科学研究基地）、两中心（中外法律文献中心、中国法治战略研究中心）、一平台（互联网+法律大数据平台）”发展路径，完善改革举措，推进协同创新，坚持依法治校，强化内涵发展，逐步建成一所国际知名、国内领先，法科一流、多科融合，特色鲜明、创新发展，推动法治文明进步的高水平应用研究型大学和令人向往的高雅学府。

在本次评估之中，通过从官方网站和官方发布的报告获取、收集数据，并对华东政法大学进行指标评估体系相关分数的计算，得到结果如下表所示。

生师比	29.35	生师比分数	62.20
专任教师数	183.00	专任教师数分数	92.62
高级职称比	0.69	高级职称比分数	77.75
课程开设数	55.00	课程开设数分数	76.00
分师比	0.96	分师比分数	54.00
课师比	0.30	课师比分数	95.59
课程结构	0.17	课程结构分数	75.78
稳定度	1.05	稳定度分数	86.73
课生比	0.01	课生比分数	50.08
人均C刊数	4.68	人均C刊数分数	90.54
人均知网数	2.86	人均知网数分数	92.40
就业率	95.49%	就业率分数	95.49
深造总人数	504	深造总人数分数	97.69
2014~2018年知网论文总数	524	2014~2018年知网论文总数分数	97.86
2014~2018年C刊论文总数	857	2014~2018年C刊论文总数分数	96.76
	最终得分	排名	
	95.12	5	

首先，华东政法大学在教育资源方面呈现出显著的优势，其课师比

达到了0.30，远高于一般法学院。第二，从学术成果来看，华东政法大学的人均知网数为2.86、法学院发表的知网论文总数为524篇，在学术领域取得了较大成就。第三，从毕业生的就业趋势来看，华东政法大学的就业率达到了95.49%，为社会主义法制建设事业输送了大量的专业人才。

但是华东政法大学的不足之处同样十分明显，其所对应的“生师比分数”“分师比分数”“课程结构分数”均低于中上水平，在未来的法学教育规划中尤其要引起重视，对应予以发展强化。

华东政法大学设有21个学院（部），160余个科研机构；拥有法学、公共管理一级学科博士学位授予权、硕士学位授予权，应用经济学、政治学、马克思主义理论一级学科硕士学位授予权，建有34个二级学科硕士点、6个专业硕士学位点、24个本科专业，以及法学博士后流动站；有1个国家级重点学科（法律史）、5个省（部）级重点学科、2个上海市一流学科、上海市高峰高原学科各1个。学校积极推进智库培育和建设，提升知识创新和社会服务能力，是最高人民法院自贸区司法研究基地、上海市教育立法咨询与服务研究基地、中国（上海）自贸区法治创新研究基地，法律文明演进研究是上海市哲学社会科学创新研究基地，华东检察研究院是与最高人民检察院检察理论研究所共建的司法智库研究机构，外国法与比较法研究院、政府体制改革与监管模式创新法治保障研究中心、经济法律战略研究院是上海市普通高校人文社会科学重点研究基地，社会治理研究院是上海市高校知识服务平台。近五年来，国家社科基金法学类项目、司法部项目立项数多次获得全国第一，国家级重大课题立项数在全国政法高校中居领先地位。由此可见，华东政法大学作为中国法学教育的“东方明珠”，在整体实力上居于中国法学院前列，具备作为法学教育高端平台的基本条件，能够为中国法学教育发展方向提供参考。

六、武汉大学

武汉大学（Wuhan University），简称“武大”，是一所位于湖北省武汉市的中国重点综合研究型大学，是近代中国建立最早的国立大学，为民国四大名校之一。武汉大学是中华人民共和国教育部直属的副部级全国重点大学，国家首批“双一流”“985工程”“211工程”“2011计划”重点建设高校，同时是“111 计划”“珠峰计划”“千人计划”“卓越计划”等重点建设的中国顶尖名牌大学。

武汉大学法学学科源远流长，是中国著名的“五院四系”成员。武大法学学科最早可追溯到 1908 年创办的湖北法政学堂。1911 年改为湖北公立法政专门学校，1928 年改组成立国立武汉大学，法学院是其中的重要院系。当时先后云集大批著名法学家，办学声誉影响海内外。1979 年恢复法律系，1986 年成立法学院后，先后由多位著名法学家出任系主任和院长。经过三十多年的恢复重建与发展，武大法学院已成为中国法学教育与研究的一方重镇。

武大法学院坚持以本科为本，确立教学的中心地位，不断更新教育理念，完善素质教育的培养模式。其坚持“素质教育”“个性化”“多维度”“前沿性”“交叉性”等一系列现代化教育的理念，注重培养学生的综合素质，着力打造具有国际竞争力的法律人才。

在本次评估之中，通过从官方网站和官方发布的报告获取、收集数据，并对武汉大学进行指标评估体系相关分数的计算，得到结果如下表所示。

生师比	12. 19	生师比分数	79. 69
专任教师数	100. 00	专任教师数分数	90. 46
高级职称比	0. 87	高级职称比分数	90. 08
课程开设数	74. 00	课程开设数分数	87. 22
分师比	1. 40	分师比分数	56. 86
课师比	0. 74	课师比分数	84. 29
课程结构	0. 09	课程结构分数	63. 05
稳定度	1. 43	稳定度分数	63. 42
课生比	0. 06	课生比分数	70. 14
人均 C 刊数	7. 45	人均 C 刊数分数	91. 91
人均知网数	2. 62	人均知网数分数	92. 01
就业率	67. 28%	就业率分数	67. 28

续表

深造总人数	-	深造总人数分数	50.00
2014~2018 年知网论文总数	262	2014~2018 年知网论文总数分数	93.19
2014~2018 年 C 刊论文总数	745	2014~2018 年 C 刊论文总数分数	95.56
	最终得分	排名	
	95.04	6	

首先，武汉大学法学院的优势表现在其高质量的师资队伍，具体表现为其高级职称比高达 0.87，远高于一般法学院。第二，从学术成果来看，武汉大学法学院的人均 C 刊数达到了 7.45、2014~2018 年 C 刊论文总数共计 745 篇，在学术研究领域成果显著。

武汉大学法学院经过八十多年的发展，现已成为中国法学教育与研究的重点基地之一，办学规模不断壮大，办学效益日益提高，教学质量与学术地位持续上升。法学院于 2003 年获批国家首批法学一级学科博士学位授权点，拥有 11 个硕士点、6 个博士点，1 个博士后流动站，2 个国家级重点学科、3 个省级重点学科、1 个国家"211 工程"重点建设学科、2 个教育部人文社会科学重点研究基地。现有 2 个研究所（国际法研究所、环境法研究所），6 个科研机构（比较宪法研究中心、刑事法比较研究中心、国家安全研究所、经济法研究所、税法研究所、网络经济与法律研究中心）；另有社会弱者权利保护中心、法学图书馆（含联合国文献资料中心）、《法学评论》杂志社、《中国国际私法与比较法年刊》编辑部、继续教育与高级培训中心，以及武汉大学文科重点实验室——刑侦实验室。由此可见，武汉大学具备法学教育优势平台的基本条件，能够满足法学教育的实际需要，为广大法科学子提供了深度专业学习的机会，其发展经验能够为中国法学教育事业的进步与发展提供必要的指导。

七、西南政法大学

西南政法大学（Southwest University of Political Science and Law），

简称“西政”，位于中国直辖市重庆，由中华人民共和国教育部与重庆市人民政府共建，是新中国最早建立的政法类高等学府，改革开放后首批全国重点大学，全国首批卓越法律人才教育培养计划基地，被誉为新中国法学教育的“西南联大”。

学校前身为1950年创建的西南人民革命大学。1953年，以西南人民革命大学政法系为基础，合并当时的重庆大学法学院、四川大学政法学院、重庆财经学院法律系、贵州大学法律系、云南大学法律系，正式成立西南政法学院。1958年，中央公安学院重庆分院并入学校。1995年更名为西南政法大学。

学校坚持“教学立校、人才兴校、科研强校、依法治校”的办学理念，已形成以法学为主，经济学、文学、管理学、哲学、工学等多学科协调发展的教学模式，建立了从本科到硕士、博士研究生教育以及继续教育、留学生教育等多层次、多类型的人才培养格局，力图为法治昌明培养优秀的法科人才。

在本次评估之中，通过从官方网站和官方发布的报告获取、收集数据，并对西南政法大学进行指标评估体系相关分数的计算，得到结果如下表所示。

生师比	33.59	生师比分数	59.66
专任教师数	287.00	专任教师数分数	95.32
高级职称比	0.64	高级职称比分数	74.44
课程开设数	68.00	课程开设数分数	83.89
分师比	0.56	分师比分数	51.40
课师比	0.24	课师比分数	96.86
课程结构	0.16	课程结构分数	74.71
稳定度	1.00	稳定度分数	100.00
课生比	0.01	课生比分数	50.00
人均C刊数	2.47	人均C刊数分数	84.71
人均知网数	2.24	人均知网数分数	91.40

续表

就业率	90.72%	就业率分数	90.72
深造总人数	–	深造总人数分数	50.00
2014~2018年知网论文总数	644	2014~2018年知网论文总数分数	100.00
2014~2018年C刊论文总数	710	2014~2018年C刊论文总数分数	95.19
	最终得分	排名	
	94.75	7	

首先，西南政法大学在师资力量方面具有较为显著的优势，其专任教师数达到287，课师比为0.24，大量的专任教师构建起一支专业的教学队伍，为学生提供了丰富的教学资源。第二，从毕业生的就业趋向来看，西南政法大学的就业率为90.72%，这种高度的就业化为中国的法制建设输送了大量的优秀人才。第三，从学术成果来看，西南政法大学2014~2018年的知网论文总数为644篇，远高于其他一般法学院，在学术研究领域做出了突出贡献，学术实力十分雄厚。

西南政法大学现设有民商法学院（知识产权学院）、经济法学院、法学院、行政法学院、刑事侦查学院、管理学院、经济学院、外语学院、新闻传播学院、政治与公共管理学院、马克思主义学院、应用法学院（中国仲裁学院）12个学院，并设置国际教育学院统筹管理来华留学生工作、学校中外合作办学项目，创新创业学院统筹管理全校的创新创业教育工作，具有招收保送生、高水平运动员、内地西藏班、内地新疆班、港澳台侨联合招生、香港免试生、澳门保送生及自主招生资格。学校现有1个一级学科博士学位授权点、12个二级学科博士学位授权点、7个一级学科硕士学位授权点、38个二级学科硕士学位授权点和6个硕士专业学位授权点，1个法学博士后科研流动站、3个重庆市特色学科专业群建设项目，是全国首批法学一级学科博士学位授权单位和全国首批法律硕士专业学位授权单位。学校现有经济法学科和诉讼法学科2个国家重点学科，法学、哲学、应用经济学、政治学、马克思主义理论、公安学、新闻传播学、工商管理及公共管理9个省部级重点学科。

由此可见，西南政法大学作为老牌法科强校，教育资源丰富多样，教学模式健全合理，能够为学生提供深入学习法律知识的广阔平台，对中国法学教育的发展规划具有一定的参考价值。

八、南京大学

南京大学（Nanjing University），简称“南大”，是教育部直属、中央直管副部级建制的全国重点大学，国家首批“双一流”“211 工程”“985 工程”高校，首批“珠峰计划”“111 计划”“2011 计划”“卓越计划”实施高校，也是九校联盟、中国大学校长联谊会、环太平洋大学联盟、21 世纪学术联盟和东亚研究型大学协会成员。

南京大学是中国第一所集教学和研究于一体的现代大学，其学脉可追溯自孙吴永安元年（公元 258 年）的南京太学，近代校史肇始于 1902 年筹办的三江师范学堂，先后历经多次变迁。1920 年在中国国立高等学府中首开“女禁”，引领男女同校之风。其最早在中国开展现代学术研究，建立中国最早的现代科学研究实验室，成为中国最早的以大学自治、学术自由、文理为基本兼有农工商等专门应用科、集教学和研究于一体为特征的现代大学。《学衡》月刊的创办，使得南京大学成为中西学术文化交流的中心，被誉为“东方教育的中心”。1949 年由民国时期中国最高学府“国立中央大学”易名“国立南京大学”，翌年径称“南京大学”，沿用至今。

南京大学法学院的前身是原中央大学法学院。原中央大学设有文学院、法学院、师范学院、理学院、工学院、农学院和医学院七大院，其中法学院下设政治学系、经济学系和法律系。1952 年全国进行大学院系调整，南京大学成为一所以文科和理科为主的大学，法学院被合并到其他院校。从此，法律院系和法学教育在南京大学一度中断。1978 年以后，国家开始重视法制建设和法学教育。1981 年南京大学恢复法律系并招生。1994 年由法律系变更为法学院。

在本次评估之中，通过从官方网站和官方发布的报告获取、收集数据，并对南京大学进行指标评估体系相关分数的计算，得到结果如下表所示。

生师比	41.25	生师比分数	58.35
专任教师数	16.00	专任教师数分数	57.78
高级职称比	1.00	高级职称比分数	100.00
课程开设数	47.00	课程开设数分数	70.67
分师比	9.38	分师比分数	89.49
课师比	2.94	课师比分数	58.84
课程结构	0.06	课程结构分数	55.45
稳定度	0.98	稳定度分数	93.06
课生比	0.07	课生比分数	72.24
人均 C 刊数	23.81	人均 C 刊数分数	100.00
人均知网数	7.56	人均知网数分数	100.00
就业率	97.03%	就业率分数	97.03
深造总人数	54	深造总人数分数	82.45
2014~2018 年知网论文总数	121	2014~2018 年知网论文总数分数	90.68
2014~2018 年 C 刊论文总数	381	2014~2018 年 C 刊论文总数分数	91.67
	最终得分	排名	
	93.90	8	

南京大学法学院的优势主要在师资力量和院系设置上，通过数据对比，南京大学法学院专任教师高级职称比分数为 100，在全国排名第一，教学质量在专任教师人数能够保障的情况下能够得到大幅度提升。同时，院系设置的稳定度达到 0.98，教学体系具体、完善。在学术成果方面，南京大学法学院的人均 C 刊数达到 23.81 篇，展现了该校法学院深厚的学术底蕴。

法学院现设有 1 个法学本科专业；9 个硕士专业（法学理论、法律史、宪法学与行政法学、刑法学、民商法学、诉讼法学、经济法学、环境与资源保护法学、国际法学）；拥有一级学科硕士授予权；具有法律硕士培养资格和法律硕士专业学位授予权；拥有博士学位授权一级学科点；经济法学是国家重点培育学科和江苏省重点学科；法学学科为江苏省一级学科重点学科；设有法学博士后流动站。

法学院设有中德法学研究所、中国法律案例研究中心、人权法研究中心、犯罪预防与控制研究所、住宅政策与不动产法研究中心、中国经济法研究所、经济刑法研究所7个科研机构。中德法学研究所是南京大学与德国哥廷根大学合办的国际性法学合作研究与教学实体，联合培养研究生，已取得令人瞩目的成果。

九、上海交通大学

上海交通大学（Shanghai Jiao Tong University）位于中国的经济、金融中心上海，教育部直属，具有理工特色，是涵盖理、工、医、经、管、文、法等九大学科门类的综合性全国重点大学，中国首批七所“211工程”、首批九所“985工程重点建设”院校之一，入选“珠峰计划”“111计划”“2011计划”“卓越医生教育培养计划”“卓越法律人才教育培养计划”“卓越工程师教育培养计划”“卓越农林人才教育培养计划”，是“九校联盟”“Universitas 21”“21世纪学术联盟”的重要成员。

上海交通大学的办学历史可追溯到1896年（光绪二十二年）由清政府创立、盛宣怀督办的南洋公学，是中国高等教育的数个发端之一。南洋公学数易其名，经商部高等实业学堂、邮传部上海高等实业学堂、南洋大学堂、交通部上海工业专门学堂多个阶段，于1921年改组为交通大学（Chiao Tung University）；而后复遭波折，历交通部南洋大学、交通部第一交通大学、国立交通大学（上海本部），至1949年剔去“国立”二字，径称“交通大学”。1959年7月31日，国务院批准交通大学上海部分、西安部分分别独立为两所学校，交通大学上海部分定名为“上海交通大学”。2005年7月，上海第二医科大学并入上海交通大学。

上海交通大学是中国最著名的高等学府之一，在工学、商学、医学领域拥有崇高的学术影响力。

在本次评估之中，通过从官方网站和官方发布的报告获取、收集数据，并对上海交通大学进行指标评估体系相关分数的计算，得到结果如下表所示。

生师比	2.96	生师比分数	98.43
专任教师数	67.00	专任教师数分数	82.86
高级职称比	0.73	高级职称比分数	80.00
课程开设数	53.00	课程开设数分数	74.67
分师比	2.15	分师比分数	63.59
课师比	0.79	课师比分数	82.46
课程结构	0.22	课程结构分数	80.06
稳定度	0.94	稳定度分数	83.76
课生比	0.27	课生比分数	92.05
人均C刊数	5.28	人均C刊数分数	90.83
人均知网数	1.31	人均知网数分数	88.79
就业率	100.00%	就业率分数	100.00
深造总人数	–	深造总人数分数	50.00
2014~2018年知网论文总数	88	2014~2018年知网论文总数分数	90.09
2014~2018年C刊论文总数	354	2014~2018年C刊论文总数分数	91.38
	最终得分	排名	
	93.78	9	

首先，上海交通大学的优势主要在于生师比（根据“生师比分数”显示）和就业率（根据“就业率分数”显示），上海交通大学的生师比高达2.96，高级职称比也达到了0.73，分数为80.00。教学质量在专任教师数量与质量的保障下能够得到可靠提升。第二，上海交通大学的稳定度分数较高。第三，课生比达0.27，一定程度上保证了教学质量，

这一点也体现在如下的教学科研成果上。该校的人均C刊数和人均知网数都较高，就业率更是达到了100%，为我国的科研建设做出了突出贡献，为各行各业输出大量人才。上海交通大学的法学院在知网论文总数和C刊论文总数这两个方面也都有着突出表现，为法制建设的发展做出了属于自己的贡献。

截至2019年12月，上海交通大学共有28个学院、直属系，26个直属单位，12家附属医院，在64个本科专业招生。截至2020年1月，学校有一级学科博士学位授权点36个，一级学科硕士学位授权点57个，博士专业学位授权点3个，硕士专业学位授权点21个；拥有9个国家一级重点学科，11个国家二级重点学科，7个国家重点（培育）学科，上海市重点建设的学科数55个；另设有32个博士后流动站。

截至2019年12月，该校有专任教师2851名，其中教授872名；中国科学院院士18名，中国工程院院士22名，中组部顶尖“千人计划”1名，“千人计划”长期项目71名、外专项目6名、短期项目7名，“青年千人”56名，“长江学者”特聘教授和讲座教授共117名，国家杰出青年基金获得者98名，国家重点基础研究发展计划（973计划）首席科学家30名，国家重大科学研究计划首席科学家14名，国家基金委创新研究群体9个，国家级教学团队8个，教育部创新团队20个。该校拥有国家级教学及人才培养基地11个，国家级校外实践教育基地7个，国家级实验教学示范中心6个，国家工程实践教育中心5个；有国家级精品课程46门（包含国家级视频公开课13门、国家级精品资源共享课程18门），上海市精品课程134门（其中包含国家级双语示范课程7门）。

十、中南财经政法大学

中南财经政法大学（Zhongnan University of Economics and Law）是中华人民共和国教育部直属的一所以经济学、法学、管理学为主干，兼涵哲学、文学、史学、理学、工学、艺术学等九大学科门类的全国重点大学，是国家“211工程”“985工程优势学科创新平台”“双一流”世界一流学科重点建设院校，财经类一流学科建设联盟理事长单位，入选“2011计划”“教育部人文社科重点研究基地”“国家建设高水平大学公派研究生项目”“卓越法律人才教育培养计划”，是中国大陆第七所

AMBA、CFA 协会认证院校，是教育部表彰的“全国毕业生就业典型经验高校”，由教育部、财政部和湖北省人民政府三方共同建设。

中南财经政法大学法学院办学历史起源于 1952 年 9 月成立的中原大学政法学院。1953 年，以中原大学政法学院为基础，合并中山大学、广西大学、湖南大学的政法系科，成立中南政法学院。学院教学与科研机构完善：下设理论法学系、宪法与行政法学系、诉讼法学系、民商法学系、经济法学系、国际法学系，国际经济法学系及一个实践教学中心，设有国家重点人文社会科学研究基地——知识产权研究中心、法学研究中心、湖北地方立法研究中心及司法考试研究与培训中心。此外，学院成立了法律史研究所、宪政理论研究所、民商法典研究所、知识产权法研究所、经济法研究所、欧洲法与比较法研究所、军事法研究所、环境资源法研究所、人权研究所、现代行政法研究中心、侵权行为法研究所等 22 个科研机构，取得了博士、硕士、学士及第二学士学位授予权和接受同等学力人员申请硕士学位的学位授予权。

2009 年 3 月，为顺应法学、公安教育改革形势，以中南财经政法大学原公安学院与原法学院刑法学系为基础组建成立中南财经政法大学刑事司法学院。学院下设刑法学系、警事科学系和刑事政策教学与研究中心三个系级教学机构，共七个教研室，拥有完整的从本科到博士的人才培养体系，本科设法学专业（刑事司法方向）、侦查学专业、侦查学（职务犯罪侦查方向）专业、治安学专业、边防管理专业，拥有刑法学、侦查学二个博士学位授权点及刑法学、侦查学、治安学三个硕士学位授权点。

在对高校法学院的评估之中，通过从官方网站和官方发布的报告获取、收集数据，并对中南财经政法大学进行指标评估体系相关分数的计算，得到结果如下表所示。

生师比	21.33	生师比分数	69.93
专任教师数	210.00	专任教师数分数	93.32
高级职称比	0.61	高级职称比分数	72.47
课程开设数	127.00	课程开设数分数	96.23
分师比	0.83	分师比分数	53.16

续表

课师比	0.61	课师比分数	89.12
课程结构	0.08	课程结构分数	62.05
稳定度	0.87	稳定度分数	76.64
课生比	0.03	课生比分数	56.12
人均C刊数	3.03	人均C刊数分数	87.32
人均知网数	1.00	人均知网数分数	83.09
就业率	90.00%	就业率分数	90.00
深造总人数	309	深造总人数分数	94.03
2014~2018年知网论文总数	210	2014~2018年知网论文总数分数	92.27
2014~2018年C刊论文总数	636	2014~2018年C刊论文总数分数	94.40
	最终得分	排名	
	93.71	10	

通过将各组数据与总数据中各高校的分项目排名对比，针对中南财经政法大学法学院设置相关情况进行分析，得出以下结论：中南财经政法大学在师资力量、课程设置等方面在全国法学院排名中处于中等水平，但是从学术成果方面来说，中南财经政法大学成果颇丰，2014~2018年知网论文总数为210，分数高达92.27，为我国法学教育的发展和法制建设事业做出巨大贡献。从中南财经政法大学毕业生流向来看，其大部分毕业生都选择了深造（根据“深造总人数”和“深造总人数分数”显示），说明毕业生大多希冀寻求更高等的院校进行深造，这也从另一方面说明中南财经政法大学在法学专科培养上为各大高校的研究生院等研究机构注入很多新鲜力量。

学院现拥有知识产权国家级教学团队；拥有国家级法学实验教学中心；拥有五门国家级精品课程，分别是知识产权法学、民商法学、宪法学、中国法制史和国际私法学。拥有国家级精品视频公开课——知识创新、知识经济与知识产权；拥有校级精品视频公开课——劳动者权益及其保护。拥有知识产权法学、民法学、宪法学和国际私法学 4 门国家级精品资源共享课，拥有行政法与行政诉讼法学、外国法制史 2 门省级精品资源共享课；拥有中国法制史 1 门校级精品资源共享课；“社会管理法治建设”团队入选教育部“创新团队发展计划”。学院形成了科研与教学、理论与实践、专业教育与素质教育相结合的办学特色。2000 年以来，学院获得科研成果奖 357 项；培养硕士研究生千余人；授予学士学位 17 000 余人。以上都可说明中南财经政法大学法学院倡导的“博学、韬奋、诚信、图治”的精神。全院师生员工正在校党委和行政管理人员的领导下，团结一心、开拓创新，以人为本、以研为重，立足中南、面向全国，力争在队伍建设、学科建设、教学科研和人才培养等方面取得更丰硕的成果，为实施“依法治国，建设社会主义法治国家”的治国方略做出更大的贡献。

十一、吉林大学

吉林大学（Jilin University），简称“吉大”，位于吉林省长春市，始建于 1946 年，是中华人民共和国教育部直属的综合性全国重点大学，国家“双一流”“211 工程”“985 工程”“2011 计划”重点建设的著名学府，入选“珠峰计划”“111 计划”“卓越法律人才教育培养计划”“卓越工程师教育培养计划”“卓越医生教育培养计划”“卓越农林人才教育培养计划”，是亚太国际教育协会、21 世纪学术联盟、中俄交通大学联盟的重要成员。

学校学科门类齐全，下设 44 个学院，涵盖哲学、经济学、法学、教育学、文学、历史学、理学、工学、农学、医学、管理学、军事学、艺术学全部 13 大学科门类；有本科专业 129 个，一级学科硕士学位授权点 56 个，一级学科博士学位授权点 44 个，硕士学位授权点 291 个，博士学位授权点 244 个，博士后科研流动站 42 个；有一级学科国家重点学科 4 个（覆盖 17 个二级学科），二级学科国家重点学科 15 个，国家重点（培育）学科 4 个，一流大学与一流学科建设项目 47 个。11 个学科（领域）的 ESI 排名进入全球前 1%，其中 2 个学科排名进入全球前 1‰。

吉林大学（前身为东北人民大学）法学教育和研究始自 1948 年。改革开放以来，吉林大学法学教育和研究事业进入了快速发展时期。

1988 年经原国家教委批准，吉林大学法律系改建为吉林大学法学院。经过 30 多年的发展和奋斗，吉林大学法学院已经成为我国法学教育的重镇和法律人才培养的重要基地之一，是我国著名的法学院之一。

在本次评估之中，通过从官方网站和官方发布的报告获取、收集数据，并对吉林大学进行指标评估体系相关分数的计算，得到结果如下表所示。

生师比	17. 47	生师比分数	74. 05
专任教师数	96. 00	专任教师数分数	90. 35
高级职称比	0. 84	高级职称比分数	89. 48
课程开设数	58. 00	课程开设数分数	78. 00
分师比	1. 73	分师比分数	59. 01
课师比	0. 60	课师比分数	89. 14
课程结构	0. 09	课程结构分数	64. 42
稳定度	0. 86	稳定度分数	76. 28
课生比	0. 04	课生比分数	58. 20
人均 C 刊数	6. 03	人均 C 刊数分数	91. 20
人均知网数	3. 20	人均知网数分数	92. 94
就业率	90. 48%	就业率分数	90. 48
深造总人数	60	深造总人数分数	83. 58
2014~2018 年知网论文总数	307	2014~2018 年知网论文总数分数	93. 99
2014~2018 年C 刊论文总数	579	2014~2018 年C 刊论文总数分数	93. 79
	最终得分	排名	
	93. 68	11	

通过将各组数据与总数据中全国各高校的评估分项进行排名对比，得出以下结论：首先，吉林大学法学院的优势主要在于师源（根据

“专任教师数分数”显示）和培养学生的质量（根据“就业率分数”和“深造总人数分数”显示）。第二，从吉林大学法学院毕业生就业趋向来说，就业率高达 90.48%。第三，从学术成果方面来说，经查询吉林大学法学院发表的 C 刊论文总数超过 2000 篇，全国排名达到前十，为我国的法律事业做出了巨大的学术贡献。

吉林大学法学院学科专业建设成效显著，目前已具有一级学科博士授权点，设有法学理论、刑法学、民商法学、经济法学、宪法与行政法学、国际法学、法律史学共 7 个博士点及联办自设法政治学和法经济学 2 个博士点。在二级学科中设有法学理论、法律史学、宪法与行政法学、刑法学、诉讼法学、民商法学、经济法学、环境与资源保护法学、国际法学、军事法学 10 个法学硕士招生专业及 1 个法律硕士专业学位，其范围涵盖全部二级学科。

十二、对外经济贸易大学

对外经济贸易大学（University of International Business and Economics）位于首都北京市，是教育部直属的一所拥有经济学、管理学、法学、文学、理学五大学科门类，以国际经济与贸易、法学（国际经济法）、金融学、工商管理、外语（商务外语）等优势专业为特色的多科性财经外语类全国重点大学。对外经济贸易大学位列国家“211 工程”重点建设高校、国家首批“双一流”世界一流学科建设高校，同时入选“2011 计划”“卓越法律人才教育培养计划”“国家建设高水平大学公派研究生项目”“教育部人文社会科学重点研究基地”，是五所“教育部教育战略与规划研究中心”高校之一、十五所全国重点外语类高校之一，及“联合国贸易和发展会议虚拟学院”首所中国成员高校。

对外经济贸易大学始于 1951 年创建的贸易部高级商业干部学校，1954 年合并组建为北京对外贸易学院。1984 年，学校正式更名为对外经济贸易大学。2000 年 6 月，与原中国金融学院合并为新的对外经济贸易大学。法学专业是对外经济贸易大学的传统优势学科。早在 1978 年，对外经济贸易大学的对外贸易系即有国际商法教研室，并招收国际贸易法硕士。1984 年成立了对外经济贸易大学国际经济法系，1996 年成立法学院。历经 20 多年的发展，对外经济贸易大学法学院目前已经成为学科体系设置相对完整、国际法专业特色鲜明、学术和教学水平比肩一流的知名法学院。

对外经济贸易大学法学院坚持服务于中国对外经贸大业的战略定位，确立了清晰的发展目标和鲜明的国际经贸法学科建设特色，并以此带动整个学院的科学研究、人才培养、社会服务和文化传承。

在本次评估之中，通过从官方网站和官方发布的报告获取、收集数据，并对对外经济贸易大学进行指标评估体系相关分数的计算，得到结果如下表所示。

生师比	9.88	生师比分数	84.18
专任教师数	64.00	专任教师数分数	81.43
高级职称比	0.73	高级职称比分数	80.36
课程开设数	68.00	课程开设数分数	83.89
分师比	2.70	分师比分数	70.40
课师比	1.06	课师比分数	76.88
课程结构	0.19	课程结构分数	78.31
稳定度	1.35	稳定度分数	66.27
课生比	0.11	课生比分数	79.52
人均C刊数	3.36	人均C刊数分数	88.87
人均知网数	0.66	人均知网数分数	75.96
就业率	96.63%	就业率分数	96.63
深造总人数	51	深造总人数分数	81.89
2014~2018年知网论文总数	42	2014~2018年知网论文总数分数	80.47
2014~2018年C刊论文总数	215	2014~2018年C刊论文总数分数	89.38
	最终得分	排名	
	93.54	12	

首先，对外经济贸易大学在师资力量方面较一般法学院具有较为突出的优势，具体表现为其生师比高达 9.88、高级职称比达到 0.73，这也就意味着其拥有一支高素质、高质量的强大师资队伍。第二，从毕业生的就业趋向来看，对外经济贸易大学为我国法治事业源源不断地输送了大量专业人才，具体表现为其就业率高达 96.63%，在人才转化方面显现出巨大的优势。此外，对外经济贸易大学其他多个方面的评估分数也大致达到了中上水平。

对外经济贸易大学法学院设有完整的本科、硕士、博士课程体系，是全国首批获得国际经济法专业博士学位授予权的四所院校之一，曾获评教育部“国际化法学人才特色专业建设点”及教育部“全国双语教学示范点”，是中国重要的“应用型、复合型法律职业人才教育培养基地”和“涉外法律人才教育培养基地”。对外经济贸易大学法学院始终重视培养学生的创新能力、实践能力和敬业精神，除课堂教学外，采取各种措施不断拓展实习基地，并为学生尽可能创造良好的实习机会。学院还设立了“国际化特色人才实验班”，作为建设涉外法律人才培养基地的重要举措。学院重视国际化工作，长期以来同多所世界知名法学院保持着稳定的交流关系，重视留学生教育，并设立了“中国法与国际法”的全英文硕士和博士项目。由此可见，对外经济贸易大学作为中国法学教育尤其是国际化方向法学教育的重要平台，具备丰富的教育资源和多元开放的课程体系，为我国法学教育事业尤其是国际化法律人才的培养提供了可供借鉴的范本。

十三、浙江大学

浙江大学直属于中华人民共和国教育部，是中国著名顶级学府之一，是中国“学科最齐全”“学生创业率最高”的大学，是首批“211工程”“985 工程”“双一流”重点建设的全国重点大学之一，是九校联盟、环太平洋大学联盟、世界大学联盟、中国大学校长联谊会成员，入选“珠峰计划”“2011 计划”“111 计划”，是教育部首批“卓越法律人才教育培养计划”“卓越工程师教育培养计划”“卓越医生教育培养计划”“卓越农林人才教育培养计划”改革试点高校。

浙江大学光华法学院的前身是 1945 年建立的浙江大学法学院，学院现有一级学科博士学位授权点（法学），一级学科硕士学位授权点

（法学），博士后科研流动站，拥有国家重点学科 1 个（宪法学与行政法学）、浙江省重点学科 2 个（宪法学与行政法学、民商法学）。学院于 2012 年入选“国家卓越法律人才教育培养计划”，是全国首批应用型、复合型法律职业人才培养基地和涉外法律职业人才培养基地。于 2015 年入选“2011 计划”中的司法文明协同创新中心。

在本次评估之中，通过从官方网站和官方发布的报告获取、收集数据，并对浙江大学进行指标评估体系相关分数的计算，得到结果如下表所示。

生师比	9.33	生师比分数	85.31
专任教师数	61.00	专任教师数分数	80.00
高级职称比	0.72	高级职称比分数	79.46
课程开设数	53.00	课程开设数分数	74.67
分师比	2.85	分师比分数	71.22
课师比	0.87	课师比分数	79.86
课程结构	0.05	课程结构分数	53.33
课生比	0.09	课生比分数	76.63
人均 C 刊数	5.54	人均 C 刊数分数	90.96
人均知网数	1.85	人均知网数分数	90.76
就业率	96.18%	就业率分数	96.18
深造总人数	78	深造总人数分数	86.98
2014~2018 年知网论文总数	113	2014~2018 年知网论文总数分数	90.54
2014~2018 年C 刊论文总数	338	2014~2018 年C 刊论文总数分数	91.21
	最终得分	排名	
	93.47	13	

通过将各组数据与总数据中全国各高校的评估分项进行排名对比，在全国各高校法学院中，浙江大学法学院最大的优势就是学术成果颇丰，其人均C刊数达到5.54篇，2014~2018年在C刊上发表的文章数为338篇，为我国法学建设贡献了许多学业成果。但是在师资力量、学科建设、毕业生就职情况等方面，浙江大学法学院都处在中等水平，上述几点也是浙江大学法学院今后的发展目标和方向。

十四、厦门大学

厦门大学（Xiamen University），简称厦大（XMU），由著名爱国华侨领袖陈嘉庚先生于1921年创办，是中国近代教育史上第一所华侨创办的大学，是国内最早招收研究生的大学之一，被誉为“南方之强”。

厦门大学是中华人民共和国教育部直属的副部级大学，是教育部、福建省和厦门市共建高校，是世界一流大学建设高校、国家“2011计划”牵头高校，入选“211工程”“985工程”“111计划”“珠峰计划”“卓越工程师教育培养计划”“卓越法律人才教育培养计划”“卓越医生教育培养计划”“海外高层次人才引进计划”“国家建设高水平大学公派研究生项目”“中国政府奖学金来华留学生接收院校”。

截至2017年3月，学校占地9000多亩，校舍建筑总面积210多万平方米，图书馆馆藏纸质图书总量410多万册，固定资产总值91亿元，仪器设备总值28亿元；拥有8家附属医院，设有6个学部以及28个学院（含76个系）和14个研究院，有31个博士学位授权一级学科，50个硕士学位授权一级学科；有专任教师2718人，在校学生近40 000人，其中硕士研究生16 390人，博士研究生3229人。

厦门大学是我国较早开办高等法学教育的院校之一，1926年6月，厦门大学设立了法学学科。90年来，法学学科秉承“自强不息、止于至善”的校训，坚持“学术建院、民主建院”的方针，发扬“严谨治学，求是创新”的学风，目前在人才培养、科学研究、社会服务、国际交流和文化传承与创新等方面有了长足的发展。国际经济法学科的综合实力位居全国前列，自1993年开始一直是中国国际经济法学会挂靠单位和会长所在机构。国际法学为国家重点学科，财税法教学团队为国家级教学团队。国际投资法、国际税法及罗马法研究在国际上颇有影响。国际投资法研究方向已具有相当的国际影响，联合国贸发会议于2010

年遴选国际投资法“全球 15 所法学院领航项目”（G-15 Law School Pilot Project）成员，厦门大学成为中国大陆唯一入选的院校。

通过从厦门大学官网和官方发布的报告中收集到数据，并对厦门大学进行指标评估体系的相关分数计算，得到下表。

生师比	10.99	生师比分数	81.88
专任教师数	82.00	专任教师数分数	90.00
高级职称比	0.76	高级职称比分数	82.17
课程开设数	93.00	课程开设数分数	91.82
分师比	1.89	分师比分数	60.14
课师比	1.13	课师比分数	75.78
课程结构	0.09	课程结构分数	64.31
稳定度	1.05	稳定度分数	86.00
课生比	0.10	课生比分数	78.64
人均 C 刊数	3.28	人均 C 刊数分数	88.50
人均知网数	1.13	人均知网数分数	85.53
就业率	91.30%	就业率分数	91.30
深造总人数	61	深造总人数分数	83.77
2014~2018 年知网论文总数	93	2014~2018 年知网论文总数分数	90.18
2014~2018 年 C 刊论文总数	269	2014~2018 年 C 刊论文总数分数	90.47
	最终得分	排名	
	93.42	14	

通过数据分析可以得出：首先，厦门大学法学院主要在课程结构的设置上具有突出优势，课程结构分数超过全国众多高校的法学院。其次，厦门大学法学院设置体系较为完善成熟，厦门大学的稳定度达到

1.05，稳定度分数也远远高于全国各大高校。第三，从厦门大学的毕业生趋向来看，就业率达到91.30%，在各高校就业率水平中处于上游，但是选择继续深造的学生数量在全国属于中等水平，深造总人数分数为83.77。第四，在学术结果方面，经查询厦门大学法学院历年发表的C刊论文总数有1200多篇，C刊论文总数分数排名也进入了全国前十五。

厦门大学法学院现拥有法学博士后科研流动站、法学一级学科博士学位授予权和硕士学位授予权，以及1个法律专业硕士（JM）学位点。

厦门大学法学院设有法学理论、宪法与行政法学、民商法学、刑法学、经济法学、诉讼法学、国际法学、法律史学、财税法9个教研室，此外还建立了厦门大学国际经济法研究所、厦门大学海洋政策与法律研究中心、厦门大学经济法研究中心、厦门大学国际税法与比较税制研究中心、厦门大学知识产权教育与研究中心、厦门大学经济犯罪研究中心、厦门大学公证法律与信息化研究中心、厦门大学社会治理与软法研究中心等校批研究机构，并成立了法律硕士教育中心和教学实验中心。此外，还有罗马法研究所等23个院批研究机构。学院建有多个重要实验教学和科研平台：设有教育部“应用型、复合型卓越法律人才教育培养基地”、教育部“涉外卓越法律人才教育培养基地”、教育部“法学教育实践基地”、国家知识产权培训（福建）基地；“财税金融法制法治研究中心”“立法研究中心”等福建省高等学校人文社科创新平台和福建省哲学人文社科基地“国际经济法研究中心”；参与2011两岸关系和平发展协同创新中心。

2012年在教育部学位与研究生教育发展中心第三轮法学学科评估中，厦大法学一级学科排名第十。国际法学为国家重点学科，财税法教学团队为国家级教学团队。民商法学、宪法学与行政法学、经济法学为福建省重点学科。2012年法学一级学科入选为福建省特色重点学科和福建省省级重点学科。“国际经济法与台港澳法研究”“国际经济法与海洋法研究”和“国际法律制度、两岸法律问题及和平发展研究”先后获准列入国家“211工程”第一期、第二期和第三期重点建设项目，法学学科获准列入“985工程”建设项目。

国际投资法、国际税法及罗马法研究在国际上颇有影响。联合国贸发会议遴选国际投资法“全球15所法学院领航项目”（G-15 Law School Pilot Project）成员，该校成为中国大陆唯一入选院校。厦门国际法高等研究院为亚太地区最具影响的国际法学术交流平台之一。

十五、北京航空航天大学

北京航空航天大学（Beihang University），简称“北航”，由中华人民共和国工业和信息化部直属，中央直管副部级建制，位列“双一流”“211 工程”“985 工程”，入选“珠峰计划”“2011 计划”“111 计划”“卓越工程师教育培养计划”，为国际宇航联合会、“中欧精英大学联盟”、“中国西班牙大学联盟”、“中俄工科大学联盟”成员，是全国第一批 16 所重点高校之一、80 年代恢复学位制度后全国第一批设立研究生院的 22 所高校之一，也是新中国第一所航空航天高等学府。

北京航空航天大学成立于 1952 年，由当时的清华大学、北洋大学、厦门大学、四川大学等八所院校的航空系合并组建；1988 年 4 月，经国家教委批准，北京航空学院改名为北京航空航天大学；1989 年，成为国家八五期间全国 14 所重点建设的高校之一；1997 年，进入国家“211 工程”建设高校行列；2001 年，进入国家“985 工程”建设高校行列；2011 年，成为国家“珠峰计划”院校之一；2012 年，学校入选首批“2011 计划”。

截至 2016 年 3 月，学校拥有 8 个一级学科国家重点学科，28 个二级学科国家重点学科，9 个北京市重点学科，28 个国防特色重点学科，排名全国前十名的学科共 13 个。有 22 个博士学位授权一级学科点，39 个硕士学位授权一级学科点，20 个博士后科研流动站。学校构建“优势工科、扎实理科、精品文科”的学科发展生态，基本形成空天信融合互动、理工文综合交叉的学科协调发展体系。在航空、航天、动力、信息、材料、仪器、制造、管理等学科领域具有明显的比较优势，形成了航空航天与信息技术两大优势学科群，工程学、材料科学、物理学、计算机科学、化学五个学科领域的 ESI 排名进入全球前 1%，工程学进入全球前 1‰。

北京航空航天大学法学院诞生于 20 世纪 90 年代，兴起于我国高等教育现代转型与建设特色新型工业化国家的浪潮之中。建校初期，北京航空航天大学成立了政治教研室，其中有数位法学教师。学院设置了民法研究中心、商法与经济法研究中心、国际法研究中心、诉讼法研究中心、法学理论与法律史研究中心、宪法与行政法研究中心、刑事法研究中心共 7 个基础学术机构。学院还设立了法律基础中心、法律实践中心和公益法律服务中心 3 个教学辅助单位。

学院致力发展战略特色法学，依托学校在国家工业信息化特别是空天信领域的独特背景，同时将服务于国家工业信息化法治需求作为建设重点，打造工业和信息化战略法学学科，范围涉及现代产业法学、航空航天法学、频谱通信法学、知识产权和科技法学、网络信息法学等，2014 年 12 月整合成立工业和信息化法治研究院，2015 年 6 月获批国家工业和信息化部首批部属重点实验室（工业和信息化法治战略与管理重点实验室）。研究院下辖知识产权与科技法研究中心（1997 年）、外层空间法研究所（2000 年）、航空法研究所（2007 年）、国家工业和信息化法治研究中心（法律与科技发展中心）（2007 年）、保险法研究所（2008 年）、频谱资源法律与标准研究中心（2010 年）、科技证据法律与实验中心（2010 年）、网络信息安全与法治研究中心（2014 年）等特色研究机构。

在本次评估之中，通过从官方网站和官方发布的报告获取、收集数据，并对北京航空航天大学进行指标评估体系相关分数的计算，得到结果如下表所示。

生师比	3.06	生师比分数	98.21
专任教师数	66.00	专任教师数分数	82.38
高级职称比	0.65	高级职称比分数	75.09
课程开设数	41.00	课程开设数分数	66.15
分师比	2.92	分师比分数	71.57
课师比	0.62	课师比分数	88.53
课程结构	0.26	课程结构分数	87.05
课生比	0.20	课生比分数	90.00
人均 C 刊数	6.14	人均 C 刊数分数	91.26
人均知网数	0.92	人均知网数分数	81.71
就业率	93.59%	就业率分数	93.59
深造总人数	2	深造总人数分数	51.11

续表

2014～2018 年知网论文总数	61	2014～2018 年知网论文总数分数	84.88
2014～2018 年C 刊论文总数	405	2014～2018 年C 刊论文总数分数	91.93
	最终得分	排名	
	93.16	15	

通过将各组数据与总数据中全国各高校的评估分项进行排名对比，北京航空航天大学法学院最大的优势就是师资配比合理性高（“生师比分数”显示）。由于各大高校优势学科存在差异，以工科见长的北京航空航天大学，在法学院建设上，法学专职教师数量和质量都处在中游；在中国知网等核心学术论坛、网站、书刊等平台发表的文章数量和质量在全国法学院中也处于中游水平；在毕业生去向方面，北航法学院的本科毕业生大都选择继续深造（“就业率”和“继续深造总人数显示”）。因此，北京航空航天大学在法学院建设方面还应该加大投入力度，提高法学院的教学水平，今后会有很好的发展前景。

十六、北京师范大学

北京师范大学（Beijing Normal University），简称“北师大”，由中华人民共和国教育部直属，中央直管副部级建制，位列“211 工程”“985 工程”，入选国家“珠峰计划”“2011 计划”“111 计划”“卓越法律人才教育培养计划”，设有研究生院，是一所以教师教育、教育科学和文理基础学科为主要特色的综合性全国重点大学。

北京师范大学的前身是 1902 年创立的京师大学堂师范馆。1908 年，改称京师优级师范学堂，独立设校。1912 年，改名为北京高等师范学校。1923 年，学校更名为北京师范大学，成为中国历史上第一所师范大学。1931 年，北平女子师范大学并入北京师范大学。1950 年，毛主席为北京师范大学亲笔题写校名。1952 年，辅仁大学并入北京师范大学。2002 年百年校庆之际，中华人民共和国教育部和北京市决定重点共建北京师范大学；2002 年 5 月，北京市第九次党代会将北京师范大学列入支持建设的世界一流大学的行列。

清代末年建校以来，北京师范大学始终同中华民族争取独立、自由、民主、富强的进步事业同呼吸、共命运，在“五·四”“一二·九”等爱国运动中发挥了重要作用。李大钊、鲁迅、梁启超、钱玄同、吴承仕、黎锦熙、陈垣、范文澜、侯外庐、白寿彝、钟敬文、启功、胡先骕、汪堃仁、周廷儒等名师先贤曾在此弘文励教。学校秉承“爱国进步、诚信质朴、求真创新、为人师表”的优良传统和“学为人师，行为世范”的校训精神，形成了“治学修身，兼济天下”的育人理念。

在本次评估之中，通过从官方网站和官方发布的报告获取、收集数据，并对北京师范大学进行指标评估体系相关分数的计算，得到结果如下表所示。

生师比	7.43	生师比分数	89.24
专任教师数	86.00	专任教师数分数	90.09
高级职称比	0.88	高级职称比分数	90.14
课程开设数	81.00	课程开设数分数	90.26
分师比	2.20	分师比分数	64.24
课师比	0.94	课师比分数	78.74
课程结构	0.07	课程结构分数	59.27
稳定度	1.02	稳定度分数	94.15
课生比	0.13	课生比分数	81.86
人均C刊数	4.72	人均C刊数分数	90.55
人均知网数	0.64	人均知网数分数	75.57
就业率	100.00%	就业率分数	100.00
深造总人数	72	深造总人数分数	85.85
2014～2018年知网论文总数	55	2014～2018年知网论文总数分数	83.49

续表

2014~2018 年 C 刊论文总数	406	2014~2018 年 C 刊论文总数分数	91.94
	最终得分	排名	
	92.85	16	

据上表可见，北京师范大学的优势主要在于其稳定度十分突出，各项分别是 1.02、-0.02 和 0.02，最终的稳定度分数高达 94.15，相比其他学校在此方面，优势十分明显。此外，该校的就业率分数也高达 100.00%，学生就业相对有保障。并且，北京师范大学注重对师生的科研水平的培养，其人均 C 刊数分数达到 90.55，人均知网数分数为 75.57。在此方面，北京师范大学的法学院表现也比较突出，2014~2018 年知网论文总数和 C 刊论文总数都较高，说明其法学院培养了大量相关学术人才。根据 2015 年 1 月学校官网显示，学校拥有国家文科基础学科人才培养和科学研究基地 2 个，国家理科基础科学研究和教学人才培养基地 5 个，国家卓越法律人才教育培养基地 2 个，教育部人才培养模式创新实验区 5 个，国家级实验教学示范中心 3 个，国家体制改革试点学院 1 个，国家级教育培养基地 3 个。

一方面，北京师范大学未来的发展可以侧重于其师资力量的建设，增加专任教师和有高级职称教师的数量；另一方面，可以适当增加开设的课程数，注重课程结构的改善，努力提高分师比和课师比的分数。从而进一步为中国的师范事业和法学事业贡献自己的一分力量。

十七、南开大学

南开大学（Nankai University），简称“南开”，肇始于 1904 年，正式成立于 1919 年，是由严修、张伯苓秉承教育救国理念创办的综合性大学。1937 年校园遭侵华日军炸毁，学校南迁，1938 年与北京大学、清华大学在云南昆明合组西南联合大学，为中华民族振兴和国家富强做出了不可磨灭的重要贡献。1946 年回天津复校并改为国立。新中国成立后，经历高等学校院系调整，成为文理并重的全国重点大学。

南开大学由中华人民共和国教育部直属，位列国家“211 工程”和

“985工程”，入选首批“2011计划”“111计划”“珠峰计划”“卓越法律人才教育培养计划”，被誉为“学府北辰”。

“渤海之滨，白河之津；汲汲骎骎，月异日新”，南开大学秉承“允公允能、日新月异”之校训，弘扬“爱国敬业、创新乐群”的光荣传统和“文以治国、理以强国、商以富国”的理念，正在向建成世界一流大学的宏伟目标阔步前进。

南开大学法学院于2004年5月成立，由原法学系、法学研究所和国际经济法研究所等单位组成。学院围绕师资队伍建设，努力实施“名家、名著、名派”工程，培养名师，出版名著，形成名派，建设一流的学术队伍。

2011年南开大学法学院在学科建设获得重大突破，成功申报法学一级学科博士点和天津市一级重点学科。南开法学院现有法学一级学科博士点、法律硕士（JM）专业学位点和法学本科专业，其中法学一级学科为天津市一级重点学科，其涵盖九个二级学科均为天津市重点学科。

在本次评估之中，通过从官方网站和官方发布的报告获取、收集数据，并对南开大学进行指标评估体系相关分数的计算，得到结果如下表所示。

生师比	17.68	生师比分数	73.82
专任教师数	63.00	专任教师数分数	80.95
高级职称比	0.81	高级职称比分数	86.63
课程开设数	–	课程开设数分数	50.00
分师比	–	分师比分数	50.00
课师比	–	课师比分数	50.00
课程结构	–	课程结构分数	50.00
稳定度	1.00	稳定度分数	100.00
课生比	–	课生比分数	50.00
人均C刊数	2.48	人均C刊数分数	84.72

续表

人均知网数	0.94	人均知网数分数	81.94
就业率	82.61%	就业率分数	82.61
深造总人数	36	深造总人数分数	77.62
2014~2018 年知网论文总数	59	2014~2018 年知网论文总数分数	84.42
2014~2018 年C 刊论文总数	156	2014~2018 年C 刊论文总数分数	85.69
	最终得分	排名	
	92.19	17	

南开大学的优势主要在于：第一，专任教师数量高达 63，高级职称比也达到了 0.81，分数为 86.63，教学质量在专任教师数量与质量的保障下能够得到可靠提升；第二，南开大学的稳定度分数较高；第三，南开大学在知网论文总数和 C 刊论文总数这两个方面也都有着突出表现，为我国法制建设事业的发展做出了贡献。

法学院依托南开大学深厚的文化底蕴和优良的办学传统，在课堂教学、校园文化、社会实践三个环节都以养成学生的法律职业能力为核心，着力培养应用型、复合型的法律职业人才。

十八、西北政法大学

西北政法大学，简称“西法大”，坐落于世界历史文化名城西安，是一所法学特色鲜明，哲学、经济学、管理学、文学等学科相互支撑、协调发展的多科性大学。学校是西北地区法学教育研究中心和人文社会科学研究的重要基地，是被誉为政法人才培养国家队的“五院四系”之一，是陕西省重点建设的高水平大学、一流学科建设高校，是全国法学高等教育“立格联盟”和西安高水平有特色高校“长安联盟”的成员单位。

学校办学历史悠久，文化底蕴深厚。前身是 1937 年中国共产党在延安创办的陕北公学。历经延安大学、西北人民革命大学、西北政法干部学校、中央政法干部学校西北分校等时期，1958 年西北大学法律系成建制调入，组建西安政法学院，后更名为西北政法学院、西北政法大学。建校以来，学校扎根祖国西部，形成了“政治坚定、实事求是、勇于创新、艰苦奋斗”的老延大优良传统，铸就了“严谨、求实、文明、公正”的校训，凝练了“法治信仰、中国立场、国际视野、平民情怀”的育人理念，培养了 15 万余名德才兼备、德法兼修的高素质专门人才，并以“专业扎实、工作踏实、作风朴实、为人诚实”的特点深受用人单位和社会各界好评。

在本次评估之中，通过从官方网站和官方发布的报告获取、收集数据，并对西北政法大学进行指标评估体系相关分数的计算，得到结果如下表所示。

生师比	28.04	生师比分数	63.47
专任教师数	253.00	专任教师数分数	94.44
高级职称比	-	高级职称比分数	50.00
课程开设数	20.00	课程开设数分数	53.50
分师比	0.59	分师比分数	51.60
课师比	0.08	课师比分数	100.00
课程结构	0.06	课程结构分数	55.38
稳定度	0.95	稳定度分数	86.35
课生比	0.003	课生比分数	50.00
人均 C 刊数	0.73	人均 C 刊数分数	72.38
人均知网数	0.69	人均知网数分数	76.69
就业率	86.57%	就业率分数	86.57
深造总人数	266	深造总人数分数	93.23
2014~2018 年知网论文总数	174	2014~2018 年知网论文总数分数	91.62

续表

2014~2018 年 C 刊论文总数	185	2014~2018 年 C 刊论文总数分数	87.50
	最终得分	排名	
	92.12	18	

首先，西北政法大学拥有雄厚的教师资源，专任教师数 253 人，远高于其他高校；第二，从就业率看，西北政法大学为社会输送了大量优质的专业人才，就业率达 86.57%；第三，西北政法大学深造总人数分数高达 93.23，遥遥领先于其他大学，体现出其在人才培养方面优异的专业深度。

十九、辽宁大学

辽宁大学（Liaoning University）是辽宁省人民政府主管的一所具备文、史、哲、经、法、理、工、管、艺九大学科门类的综合性重点大学，是国家“211 工程”重点建设院校，是“卓越法律人才教育培养计划”入选院校，是设有国家经济学基础人才培养基地的十三所高校之一。

辽宁大学法学院创建于 1980 年，前身为辽宁大学法律系，是辽宁省第一所法学全日制本科教学研究与人才培养基地。作为当时省内唯一一所招收法律专业本科生的教学基地，集中了辽宁省内高水平的法学教育和科研人才。经过近 20 年的发展历程，法学院形成了一支专业齐全、结构较为合理、教学与科研水平在省内具有很强优势的教师队伍。

辽宁大学法学院是首批国家卓越法律人才（应用型、复合型）教育培养基地和全国政法干警招录培养体制改革试点建设单位；法学专业是国家级特色专业建设点，辽宁省创新创业教育改革试点专业，辽宁省综合改革试点专业，辽宁省示范性专业；法学学科被列入辽宁省高校一流特色学科。

在本次评估之中，通过从官方网站和官方发布的报告获取、收集数据，并对辽宁大学进行指标评估体系相关分数的计算，得到结果如下表所示。

生师比	12. 13	生师比分数	79. 76
专任教师数	55. 00	专任教师数分数	77. 60
高级职称比	0. 89	高级职称比分数	90. 17
课程开设数	-	课程开设数分数	50. 00
分师比	3. 02	分师比分数	72. 12
课师比	-	课师比分数	50. 00
课程结构	-	课程结构分数	50. 00
稳定度	1. 18	稳定度分数	73. 86
课生比	-	课生比分数	50. 00
人均 C 刊数	1. 27	人均 C 刊数分数	77. 97
人均知网数	1. 13	人均知网数分数	85. 40
就业率	96. 25%	就业率分数	96. 25
深造总人数	-	深造总人数分数	50. 00
2014~2018 年知网论文总数	62	2014~2018 年知网论文总数分数	85. 12
2014~2018 年C 刊论文总数	70	2014~2018 年C 刊论文总数分数	80. 31
	最终得分	排名	
	91. 88	19	

从就业率看，辽宁大学法学院为社会输送了大量的优质人才，就业率高达 96. 25%。

辽宁大学法学院现有法学一级学科博士学位授权点、法学一级学科硕士学位授权点（9 个硕士学位点）和法律硕士专业学位授权点，法学博士后科研流动站，辽宁省创新团队——市场经济法保障团队、辽宁省人文社会科学重点研究基地——经济法制研究中心、辽宁省省级重点学科——经济法学（辽宁省特色学科建设工程提升计划）、国际法学（辽宁省特色学科建设工程培育计划）。博士点现开设有经济法、民商法、国际法三个专业。

二十、复旦大学

复旦大学（Fudan University），简称“复旦”，位于中国上海，由中华人民共和国教育部直属，中央直管副部级建制，位列“211 工程”“985 工程”，入选“双一流”“珠峰计划”“111 计划”“2011 计划”“卓越医生教育培养计划”，为“九校联盟”成员、中国大学校长联谊会成员、东亚研究型大学协会成员、环太平洋大学协会成员、21 世纪大学协会成员，是一所综合性研究型的全国重点大学。

复旦大学创建于 1905 年，原名复旦公学，是中国人自主创办的第一所高等院校，创始人为中国近代知名教育家马相伯，首任校董为国父孙中山。校名“复旦”二字选自《尚书大传·虞夏传》名句“日月光华，旦复旦兮”，意在自强不息，寄托当时中国知识分子自主办学、教育强国的希望。1917 年复旦公学改名为私立复旦大学；1937 年抗战爆发后，学校内迁重庆北碚，并于 1941 年改为“国立”；1946 年迁回上海江湾原址；1952 年全国高等学校院系调整后，复旦大学成为以文理科为基础的综合性大学；1959 年成为全国重点大学。2000 年，原复旦大学与原上海医科大学合并成为新的复旦大学。截至 2017 年 5 月，学校占地面积 244.99 万平方米，建筑面积 200.20 万平方米。

复旦师生谨记“博学而笃志，切问而近思”的校训，力行“刻苦、严谨、求实、创新”的学风，发扬“爱国奉献、学术独立、海纳百川、追求卓越”的复旦精神，以服务国家为己任，以培养人才为根本，以改革开放为动力，为实现中国梦做出新贡献。

在本次评估之中，通过从官方网站和官方发布的报告获取、收集数据，并对复旦大学进行指标评估体系相关分数的计算，得到结果如下表所示。

生师比	18.90	生师比分数	72.52
专任教师数	60.00	专任教师数分数	79.60
高级职称比	0.80	高级职称比分数	85.83
课程开设数	53.00	课程开设数分数	74.67
分师比	2.57	分师比分数	69.16
课师比	0.88	课师比分数	79.64
课程结构	0.06	课程结构分数	54.93
稳定度	1.03	稳定度分数	90.00
课生比	0.05	课生比分数	63.37
人均C刊数	2.22	人均C刊数分数	83.51
人均知网数	0.82	人均知网数分数	79.69
就业率	97.47%	就业率分数	98.26
深造总人数	–	深造总人数分数	50.00
2014~2018年知网论文总数	49	2014~2018年知网论文总数分数	82.09
2014~2018年C刊论文总数	133	2014~2018年C刊论文总数分数	84.25
	最终得分	排名	
	91.54	20	

从上表可以看出，复旦大学的教师资源十分丰富，突出之处在于其高级职称比分数高达85.83，专任教师有60人。截至2015年5月，学校有全职在编专任教师2527人、专职科研人员303人，其中具有高级专业技术职务人员2080人，获博士学位人员2202人，有海外学习经历人员750人。教师中有中国科学院、中国工程院院士40人（其中全职两院院士26人），复旦文科杰出教授2人，特聘资深教授11人。复旦大学的就业率高达97.47%，为学生未来的发展提供了一定保障，也为各行各业输送了不少人才。学校的稳定度分数高达90分。

在未来，复旦大学的发展主要可以集中于下列几个方面：首先，增加课程开设数，提高分师比和课生比的分数。其次，应当注重对学生的可持续地继续发展的培养，提高深造总人数分数。复旦大学之后定会有更好的发展，为中国的建设输送更多人才。